家庭美育必修课

生命合伙人 II

戴亚楠 / 著

中国青年出版社

献给东黎、悠然

感谢你们带我发现生命的奇幻和美好

目录
contents

自序：最重要的是开始行动 / 001

导读　这是一个邀请 / 006

第一课　重塑关系：

　　　　通过艺术重新认识自己，认识孩子 / 009

1. 用艺术引领深刻的亲子交流 / 011

2. 艺术到底是什么？ / 012

3. 转换身份，人人都是艺术家 / 015

4. 孩子是天生的艺术家，与他互相学习共同成长 / 018

5. 从家庭美育课开始重新认识彼此 / 022

6. 了解儿童的艺术发展规律 / 023

7. 培养孩子的创作者思维 / 030

小结/家庭实践/实践案例 / 033

第二课　打造环境：

　　　　打造鼓励创作的家庭环境 / 046

1. 如何帮助孩子在家庭环境中进行艺术创作 / 047

2. 艺术家需要什么样的工作环境？／048

3. 儿童家庭创作环境的三个原则／062

4. 不买房也可以改造儿童艺术工作室／063

小结/家庭实践/实践案例／084

第三课　获取资源：

从自然和生活中发现艺术教育的资源　　／094

1. 美和艺术随处可学／095

2. 在家庭中寻找艺术的灵感和材料／098

3. 从自然中发现创作的资源和灵感／105

4. 随时获得创作支持的几个原则／114

5. 准备一个艺术应急包／121

小结/家庭实践／123

第四课　发掘潜能：

发现父母的艺术潜能　　／126

1. 父母为什么要画画？／127

2. 父母画画带动孩子创作／129

3. 通过艺术与孩子交流和陪伴／131

4. 打破艺术零基础父母的几个魔咒／133

5. 就是画不像是怎么回事？／139

6. 激发右脑思维／143

7. 怎样把画画变成我们的日常生活 / 151

小结/家庭实践/实践案例 / 157

第五课　自由游戏：

创造更多的家庭艺术游戏　　　　　　　　　／ 161

1. 玩才是学，玩就是学 / 162

2. 你是会玩的大人吗？／ 163

3. 从玩到艺术创作的创造力螺旋 / 165

小结/家庭实践 / 188

第六课　走近艺术：

像去超市一样去美术馆　　　　　　　　　／ 193

1. 我们为什么要带孩子去美术馆？／ 195

2. 展览的灵魂人物——策展人 / 201

3. 这个不走寻常路的观展群体 / 204

4. 到底什么样的展览，适合带孩子一起去看呢？／ 206

5. 带孩子去美术馆需要准备些什么？／ 215

6. 更多看艺术的方法 / 218

7. 艺术零基础父母必备的三个观展秘笈 / 224

8. 干货：以不变应万变的美术馆 tips / 232

小结/家庭实践/实践案例 / 233

第七课　影响他人：
　　　　成为家庭美育的传播者　　　　/ 243

1. 成为家庭美育导师 / 244

2. 寻找最适合自己的学习路径 / 253

3. 为自己营造美育氛围 / 259

4. 做一场家庭美育读书会 / 266

《生命合伙人——美育从妈妈开始》读书会方案 / 268

第一次在线读书会分享章节领读人分享摘要 / 271

课程结语 / 282

后记：写给十年后的自己 / 288

自序：最重要的是开始行动

学了再多的育儿道理都不如
在每天的生活中去实践、去发现

我的第一本书《生命合伙人——美育从妈妈开始》出版后收到了很多父母们的反馈，让我欣慰的是他们说读完书心有戚戚，但最让我幸福的声音是：

"读完你的书，孩子的爸爸和女儿前所未有地一起玩了很久很久……"

"我不焦虑了，画成什么样没关系，让我们一起玩得嗨起来……"

"即使是当年考上美院也不及我与孩子一次次家庭美育游戏中的触动大……"

最重要的是开始行动，美和艺术的教育不是理论，不是放之四海而皆准的方法和步骤，而是每个为人父为人母的成人，投入地和孩子活在当下，让美和艺术成为我们和孩子沟通的语言，与孩子心心相印。

当然，还是有很多读者不断追问："那么，我到底该怎么做？"

曾经以为，把我的研究通过我和我周围朋友的美育故事讲给大家，父母们回去就可以实践自己版本的家庭美育实验。但这些不断"怎么做"的提问让我反思：到底该如何帮助大家把家庭美育真正"做"出来？毕竟只有父母开始行动起来，做点什么，孩子们才会真正从中受益。

和读者父母们不断地沟通之后，大家反思在"操作"层面出现的困难有这样几个原因。

1. 我们这一代人的美和艺术的教育自小是缺失状态

我们自己并没有经历过自小在成长环境里自然习得这个"本领"，在面对孩子的时候就会无所适从。即便听到了不同版本的故事，学到了理念，却还是无法跨越阻碍你行动起来的那个心理上的"藩篱"。

2. 即便对美育心有向往，这个"没什么用的事儿"远远排在那些"刚需"后面

就像听到得最多的问题："如何平衡艺术教育与应试教育不可调和的矛盾？"我们希望孩子的人生幸福，美和艺术是不可或缺的成本。即便孩子不会画画、弹琴，对美的感知力也能帮他获得更有品质的生活，矛盾在家长的心里。

3. 非黑即白的标准答案训练，在面对美和艺术的时候没有包容的态度

比如对著名作品的"热爱"，对天价作品的追捧，这些更是猎奇而非从内心和艺术关联。如果失去了"名"和"利"的包围，你对艺术的态度又是什么？可惜的是，这样的独立思考似乎从未被鼓励和表达过。

过于鼓励和强调所谓的"逻辑"，鼓吹左脑思考的了不起，而忽略了可以训练用直觉思考的艺术——往往它才可以帮我们洞察到事物本质。

有没有办法来推动一下，阅读之后、会心之后可以让美育这件事在家庭中真正发生？

于是有了这个"家庭美育必修课"，在内容上尽可能地涵盖打造家庭环境、提升欣赏能力、寻求艺术资源、父母艺术潜能挖掘几个领域……这些主题也是在《生命合伙人——美育从妈妈开始》出版之后被关注最多且大家困惑和讨论最多的几个话题。

第一次的"家庭美育必修课"实验课也是一个由一百个家庭一百天共创的项目，我和一土家长学校的一百个家庭共同开始了这个尝试。

每天看到大家在课程群中的打卡和交的作业，对我来说都是极大的享受，看着大家忐忑地第一次带着孩子去看画展，看着无心插柳的艺术创作，看着孩子们第一次在自己的"家庭画展"前骄傲留影，看大家发明越来越多脑洞大开的玩法……感谢你们生命与生命的陪伴。

我把一土当作我的"试验田"，在这里撒下种子，看课程一步步成型，看一个个家庭在行动。在本书的插页和附件部分大家可以看到实验课的妈妈们真实精彩的作业实录。

这本书的文字基于在一土家长学校"家庭美育必修课"的直播实验课课件以及意外艺术视频课的文字内容整理而成，在整理的过程中编辑和补充了相应的资料，使之更适合阅读。

希望通过视频课程来学习的朋友，可以关注我的个人公众账号"悠然过一生"ID：kedouyouran，提供最新的课程信息。也欢迎各位把"作业"发送到 Life_Partner@126.com 与我分享。

要感谢的人很多，一诺、冯澍、馨竹、Abby，还有更多我叫不上名字的一土教育成员。一土教育是 2016 年始于美国硅谷、落地北京的教育创新项目。致力于在全球视野下，探索基础教育创新。培养"内心充盈的乐天行动者，理性创新的高效学习者"。"一土家长学校社区"集聚了来自全球各地的教育创新探索者和家庭教育的践行者，深度打造家长成长项目，构建完整的家长成长体系，让家长从"焦虑的服务购买者"转变为"终身学习的同行者"。

要特别感谢的是冉小花，赶到美育沙龙现场现身说法，让"不可见"的课程成果变得生动起来。还有卡卡、微米、小月儿、赵照、陶然妈妈、带一本书去巴黎（她真的是个人）……你们要继续好好玩啊！

感谢所有的课程助教在导读和课程进程中的支持。我最爱的拉拉，冰雪聪明，总是能够get到我心所想，我们是有心灵感应的。

期待再次和你一起开启美和艺术的共创之旅！

导读　这是一个邀请

这不仅是一本书，更是一个邀请，邀请你去打开心灵和想象，通过艺术和美的教育重新认识自己和你的孩子。

去通过美和艺术发现你和孩子的内在如此的丰富和美好却被忙碌遮蔽被焦虑占据。艺术和美从未远离我们，一旦邀请它们进入我们的生活，就一定会收获喜悦和丰盈。

所以，请带着这张"邀请函"和我一起进入这个"课程"。

家庭美育必修课根据家庭美育和亲子互动的场景设计，在实验课里面，一百个家庭在每个部分都进行了尝试和反馈，希望通过作业的练习和实验家庭案例的分享可以帮助你跳出既往的艺术教育理念对你的束缚，获得家庭美育能力的根本提升。

在这里不是学习唯一的美育方法，而是要有能力找到适合自己和孩子的美育路径。毕竟每个家庭都如此不同，每个孩子都那样独一无二，每个作为父母的你也如此弥足珍贵。

我邀请你去和你的孩子分享和实践我们的讨论,我邀请你听取孩子的声音,和孩子一起甚至被孩子引领。不仅仅在读这本书(上这个课)的时候,更通过艺术和美重塑家庭的氛围、亲子关系、记录下爱和联结。所以为了能够真正从中有所获得,强烈建议你去尝试完成每一节后面的作业。

如果说《生命合伙人——美育从妈妈开始》像很多读者发现的"可以随意打开一页看下去"的话,那么这本书则更适合按照顺序去和我一起交流每个家庭的美育话题,然后放下书去拥抱孩子,一起实践和玩起来。就像书里分享的"案例"一样,说到底,这些和孩子们共度的美好时光才是家庭美育最美的"产出"。

需要做哪些准备?

家庭美育需要做的准备其实很简单,一些常见的艺术创作的材料,简单的笔、纸、颜料,手边有什么就可以用什么。生活中的材料你也可以开发来用作创作,比如厨房、卫生间里的各种生活物品,第三课我们会专门来谈论这个话题。而最重要的就是你可以全情与孩子在一起的时间,放下手机,放下你生活中的烦恼和打扰,专注于和孩子一起创造的时间。

我相信,一旦真正将艺术带进我们的生活,就是在宣告我们充满力量。当我们自己真正投入地体验过,就可以真正与孩子心心相印,并体会到孩子与生而来的源源不断的创造力,也重新找回我们失去的创造的能量。

如果有时间有余力可以把《生命合伙人——美育从妈妈开始》当作一本"理论"书,而这本《家庭美育必修课》作为"实践操作手册",两本参照阅读,互为补充,再加上亲子陪伴中可以尝试出适合个体家庭的方法,就会更有成效。

通过这七节"课"来开启家庭美育的实践,你准备好了吗?

第一课

重塑关系：通过艺术重新认识自己，认识孩子

你了解自己吗？你了解孩子吗？

看似简单的问题却是亲子关系的基础和核心。

对孩子而言你是谁？对你而言孩子又是谁？你们的语言和思想在同一个频道吗？

在家庭美育这个场域里我们可以借助艺术更深刻地了解这个有趣的灵魂。

孩子是天生的艺术家，作为父母的我们又何尝不是，两代"艺术家"的亲密之旅就从重新认识彼此开始吧。

我的一位朋友老来得子,他说孩子的老师问他的一双儿女:"你爸爸是做什么的?"女儿说:"我爸爸是做饭的。"儿子说:"我爸爸是买东西的。"通过老师的介绍,孩子们才恍然大悟,原来爸爸是一位艺术家,或者说是挺著名的一位艺术家。

看似是一个简单的问题,其实又是一个非常本质的问题,因为我们常常想当然地认为,我们和孩子是密不可分的,我们天然就是非常互相了解的,一举一动、所思所想都一手掌握。而事实真的是这样吗?

在家庭美育必修课里,我们就从思考这个问题开始。我们和孩子的关系与世界万物一样,需要用动态的、变化的视角去看待。

你是不是了解了这样一种变化,你是不是了解你自己当下的一种状态,是不是洞察了孩子在不同时间的成长和变化呢?我们和孩子之间的互相了解究竟是一个过程,而不是一个结果,我们用更开放的状态、更多元的角度去看待这个问题,那么也就更加享受这个过程。

先别急着回答这个问题,学了这一课之后你再回去问问孩子,我了解你吗?你知道我是做什么的吗?我喜欢什么?

希望这节课让大家可以增加一个角度，能够更深刻地了解对方，跟孩子一起在美育的生活里走下去。

要顺利进行"通过艺术了解自己，了解孩子"的主题，我们就需要从"艺术到底是什么"开始。

1. 用艺术引领深刻的亲子交流

艺术到底能怎么帮我们加深亲子关系呢？卢浮宫公共艺术教育负责人雷瑟女士在一个工作坊里分享，她跟大家讲，卢浮宫其实不仅仅是一个艺术展示的空间，在他们做艺术教育过程当中并不是特别强调艺术知识层面的传递，他们特别鼓励那些没有机会和孩子长期相处的父母，比如离婚没有抚养权的或其他原因不能朝夕相处看到孩子成长的父母，鼓励他们带孩子到美术馆里去，到一个充满艺术品的空间里获得更深入地与孩子交流的机会。

艺术涵盖了很多生活的、精神的、文化的丰厚主题，如果父母没有机会长时间跟孩子生活在一起，去了解他生活当中还有他成长当中每一个细微的变化和成长的过程，那么艺术可以切实地去帮到他。在美术馆的环境里，在艺术品围绕的环境里，可以更快速地、更直接地去谈论起生命当中那些深刻的、宏大的主题，而且由此可以跟孩子深入交流对人生和对生命的态度和看法，这些都是我们平时无法企及的领域和话题。

而这样的谈话不正是我们对孩子价值观的传递吗？也正是这些借由艺术开始的对话，把我们对人生的看法传达给孩子，更会影响到孩子如何看待我们、看待世界，如何投射到他的生命中。

想想看，我们和孩子之间的交流其实蛮有限的。现代人的时间和节奏非常紧张，如果你刚好要经常工作、出差、加班，与孩子在一起时又更关注他的衣食住行、作业完成情况。

我们需要艺术帮助我们更直接地跟孩子讨论内心的想法，我们也借由这样的机会，通过艺术这个通道让孩子更加了解真实的父母，到底是怎么看待人生、怎么看待生活中发生的很多事情。

2. 艺术到底是什么？

既然把艺术作为这么重要的通道，那就要从头去想一想艺术到底是什么？

在过去几年推动家庭美育的过程中，我发现很多人不自觉地会被限制住。好像艺术是一个殿堂里的、一个要挂在墙上的、一个高高在上的、一个离我们生活比较远的事物。

如果你翻看过所有版本的艺术史,任何不同背景和文化的作者写的不同版本的、全面一点的艺术史书籍就会知道,其实艺术的发生不在美术馆或博物馆里,艺术的创造不是为了展示或挂在那里,更不是为了拍卖到很高的价格。

▼图1-1　拉斯科岩洞壁画

——最早有记录的人类"艺术"作品

这个岩洞壁画就是一个很好的例子,它告诉我们艺术不是自古以来就在殿堂里的,它的发生与我们并不遥远。

几乎在所有版本的艺术史里,当提到艺术这件事情的时候都会问艺术是在哪里发生的呢?很多大部头的艺术史每每提到最早的有记录的人类"艺术"作品就是在法国发现的拉斯科岩洞壁画。上面画着牛啊、鹿啊之类的动物，类似图1-1，从这样一些图像开始我们有了被称作"艺术"的东西。

生活在远古时代的人，他有情绪需要表达，他对大自然有恐惧，他希望让自己有安全感，或者说他的情感需要有一些寄托。他的这些愿望和想法需要有一个承载，所以就出现了人类很久很久以前的祖先，为了寄托他们的崇拜，或其他我们已经无法得知的情感，便在岩洞里把他们看到的大自然里的一些事物用岩洞壁画的方式呈现出来。然后大家聚在一起点个篝火跳个舞唱个歌，情绪释放了、安定了，第二天就可以安心采果子、打猎去了。

所以艺术就是这样出生的，并不怎么高大上。现代人把这些定义为艺术，奉在殿堂，但回到原点去想想艺术的产生，就能够帮助我们把它从那么高的位置上拉下来，贴近我们自己。这样换了角度你就会了解，艺术的目的不是为了摆在一个美术馆里供人瞻仰的，其实是跟人的生活、情绪、当下的状态、个人表达都息息相关。

除了专门在这个领域做专业研究和创作，对每个个体来说，艺术和美在儿童的成长、亲子教育中可以承担起更为宽泛的职能。既然能够驾驭这个职能就不妨投身其中，做个更广大意义上的"艺术家"。这并不是让大家改行，更精准的说法是把你隐藏的身份揭示出来，因为你本来就是个艺术家。

3. 转换身份，人人都是艺术家

在《艺术的故事》里面，贡布里希说："实际上没有艺术这种东西，只有艺术家而已。所谓的艺术家，以前是用有色土在洞窟的石壁上大略画个野牛形状，现在则是购买颜料，为招贴板设计广告画；过去也好，现在也好，艺术家还做其他很多工作。"

我们把他关于艺术家的定义再扩大一下，无论你在做什么样的工作，只要你在生活，只要你面对自己最真实的情感，只要你打开你的感官用心地体验生活，你就是一个艺术家。

在一个朋友的开幕式上，她说："今天所有的来宾都是艺术家。"显然所有的来宾来自不同的行业和职业，未必每个人都是世俗意义上的艺术家。她是这样解释的："即使你不是一个画画或做雕塑的概念上的艺术家，但每个人一定都或多或少地在生活中创造着什么，在我看来，你就是艺术家。"不能同意更多！

希望大家在家庭美育必修课里去完成这个身份的转换，放下在社会里许多的角色和身份，以一个独立的艺术家的方式来开启你的家庭美育必修课。

这个过程并非很难，来，跟着我或者说跟着孩子一步一步来就好了。

每一次我说"你是一个艺术家"，通常的反应是"哎，不是不是，我不是学这个专业的。我不懂艺术，也不会画画……"其实没那么难啊，我还给大家找了一个理论的基础，比如说现在看到的这一句话，大家可以和我一起慢慢读起来。

每一个人都是参与构建地球的艺术家，而地球将成为我们共同的艺术作品。

这句话是谁说的呢？这句话是博伊斯，一个非常有影响力的艺术家说的。前几年，在中央美院的艺术馆里做过的一个文献展。如果你去深入地了解它，很多人都会觉得，它好像根本就不是什么艺术作品。博伊斯提出了"社会雕塑"的概念，"发展社会性的艺术观念……"不过这些艺术家们甩的概念，我们就不去咬文嚼字，我们暂且把它理解为艺术的范畴不局限于传统意义的艺术创作，很多的社会行为、人的行为都可以从某种程度上定义为"艺术"。

▶ 图 1-2　博伊斯

　　比如他抱着一只死兔子去给它讲艺术，他把一把椅子涂上动物的脂肪等稀奇古怪的事情。这些算是艺术作品吗？要知道他其实还做了很多公众参与的艺术项目。比如说找了七千个人一起种橡树，每个参与者，是不是都称得上是艺术家呢？既然对艺术史影响有如此深远的一位大师级人物都说，人人都是艺术家，那么你就先承认下来。

　　可能你不是一个职业艺术家，不以此为生，或者你手中也没有画笔，也没有用什么材料去创作一个所谓的艺术作品。但是每一个人都有自己的生活，你或多或少地都在创造着什么。从零到一，从无到有，让这个世界因为有你而有所不同。你只要是在创作着什么，你就是一个艺术家，这就是我的定义。

　　此刻你可以花几秒钟静下来想一想，你从零到一、从无到有地创造过些什么，在世界留下过什么样的属于你的印迹？

你想到了什么，亲爱的艺术家？也有很多朋友会说，等等，那我的作品是什么？艺术家的确要用作品来说话，要我说，你的生活就是你的作品。

还有点不适应这个刚刚被揭示出来的新的身份？没关系，孩子会帮到你。

4. 孩子是天生的艺术家，与他互相学习共同成长

为什么会提到艺术家这件事？因为我们一定都听过这样一句耳熟能详的话："孩子是天生的艺术家。"的确，他们充满活力，无时无刻不在天马行空地想象着，他们随时都可以去做一些创造，既然他是天生的艺术家，那我们又怎么去教他呢？

"教"这个概念大概是很多父母第一时间跳出来的想法。就像参加家庭美育必修课的妈妈小花儿一样，她说："因为自己从小没有机会学艺术，特别想让孩子可以早一点有美和艺术的教育，所以自己应该先从素描开始学会画画，这样才能教孩子。"为了这个目标，小花儿还报名参加了绘画班学习，但在学素描的过程中画着画着感觉就不对了。一是好像要学很久才能达到自己理想中可以教孩子的程度；二是即便自己学会了，好像孩子也不应该用同样的方式来学艺术。

这里需要提一下，由于某些特殊的原因，中国的艺术教育几十年来形成了凡学艺术必从素描开始的奇观，这不是一个艺术教育的必经之路，只是由于历史的、政治的、人为的原因形成的。而这一代幼童的父母恰恰是在这样的"艺术教育"氛围中长大的，所以在涉及孩子艺术教育的时候，理念的转换难度较大。

我们应该先暂且放下或者停下打算"教"孩子去做一些什么的想法，如果他是一个天生的艺术家，你又如何有能力去"教"孩子呢？

不要灰心，其实在你的身上或多或少都有一个艺术家的特质，在美育中，我们可以期待的不是教授什么技巧，而是两个艺术家的平等对话、灵感激荡和相互交流。假如全情投入的话，我们的收获和成长会远远大于孩子。

所以家庭美育绝不是我们要成为一个会某些创作技巧的艺术家，然后教会我们的孩子。而是在这样一个互相学习、互相欣赏、共同成长的过程中去重新构建一个更深层次的亲子关系。如何在塑造关系的过程中生发出美好记忆才是我们整个课程的核心，美好有爱的作品在这个过程中会自然而然、随时随地地产生出来。

让我们与孩子共同创造出那些生活中最美好的时刻，

通过艺术一起好好把它留存下来。

语言虽然承载了很多信息,但还是非常有限的,尤其是如果我们的孩子年龄还很小,语言能力还处在不断完善的时期。有的时候你想更多地了解他的想法,而他又没有办法特别精确地表达出来,或者他表达出来你也未必能够一下子弄明白。这个和成年人之间的关系很类似。

除了语言之外,我们还可以从很多的细节去了解,比如和你打交道、跟你一起生活的人,他们到底在想些什么。而了解跟我们打交道的这个小人儿,最好的方式就是通过艺术作品,毕竟他用画笔表达的可能比语言还要丰富,作为艺术家他是视觉语言的大师。

▼图1-3 《我的家》作者东黎

图 1-3 这幅画是我的大儿子六岁半左右的时候画的一幅作品。和所有这个年龄的小朋友一样,他是以自我为中心来一步步拓展和认识这个世界的。宇宙他是第一大,画面里他自己自然最大,然后一步一步地发现这个世界、拓展他的认知的一个边界。在这个作品当中,大家也可以看到,他自己在作品里最重要的位置,尺寸也是最大的一个人。很荣幸我是第二大的人物,说明我的位置也是相当重要的。

孩子的作品反映出来的是他构建出来的一个世界,有真实的同时也有结合虚幻想象的成分。孩子的很多作品其实是能够把他当下所感受的一些事情记录下来。比如我们有可能用相机拍下搬家前住的房子的样子,但是无法透视成这样,看到门外有个人物,那是孩子记录下来的在外面散步的爸爸,因为在冬天还戴着一顶帽子。我问他为什么爸爸在门外,他说:"每次我淘气惹他生气了,爸爸就出去散步。"而今孩子长大了,爸爸也去世了好几年,进入青春前期的孩子却闭口不再谈起。但这个小小的哭笑不得的桥段是生活里真实的色彩,在画上,抹不去。

很多时候,我们是可以通过孩子的作品更深刻地解读到他是从一个什么样的角度去认知这个世界,他希望从作品当中表达什么。读完这一课,如果你回头把孩子的作品一张一张地捡拾出来,然后重新看,或许你就有不同的发现。家庭美育从来不是教你和孩子一起有一个什么样完美的创作,而更重要的是我们通过这个过程可以更深刻地了解彼此留存下来的生命印迹。

5. 从家庭美育课开始重新认识彼此

重新认识这个亲子关系当中的对方,可能每个人都有着不同的做法,有的时候我们还要通过一些小小的练习来促动。另外还要根据孩子不同的年龄、性别、发育阶段的特点来进行。

像我家里有两个男孩子,我就深刻地感觉到,你不能跟他特别严肃地面对面促膝谈心,而是让这个话题一来一往地进行。跟男孩子一起或者更低龄的一些孩子一起,如果面对面无效,那么肩并肩或许是一个更好的方法。你们可以一起去动手,不管是一起去烘焙、揉一个小面团,或是一起做一些事情,在这个过程当中,他在更放松的状态下才会更愿意去敞开心扉,把自己很多的心里想法一点点地告诉你。

当然啦,我们也可以通过一些设计来让孩子了解你,比如说在这一课后面就会给大家留一个作业。

就像我前面提到的,我老师的孩子并不知道爸爸是做什么的,很多小朋友你问到他,他们的回答也是这一类"我妈妈做饭,我爸爸负责开车买东西"。其实孩子对你在走出家门之外的职业、专业的那一面并不了解,他不知道你是做什么的,当然他可能没办法更深刻地了解到你的工作。但是如果我们把自己和孩子放在一个平等的位置上,把你见到了什么人、你有什么困惑、你在做什么样的事情,都用孩子听得懂的语言告诉他,让这样的交流成为日常,他就会更了解你。

也许你在某种场合正式地见一个人时会递给对方一张名片,你也会告诉他我是在什么样的公司或者什么样的机构,我在做一些什么样的事情。你愿意很平等地让对方了解你,那么在家里我们可不可以也这样跟孩子互相认识一下,请多关照?后面在留作业的部分再跟大家详细地交代。

6. 了解儿童的艺术发展规律

这个是非常重要的,因为我发现大部分父母的焦虑来自"不知道接下来要发生什么,所以把眼前正常的状况当作了问题"。我有个朋友是三个男孩的妈妈,她常对我说"第一个是最难的"。而今我了解到她背后的意思,就是因为第一个孩子完全是"摸着石头过河",没有实践经验,即便通过学习和前辈妈妈的帮助,依然对自己是一个获取经验的过程,而第二个、第三个孩子就全然放松了,很多类似情况都经历过,就不会过度焦虑了。

同样,儿童艺术能力的发展规律,如果稍微地了解一点点,那么很多焦虑和困惑就会自然而然地烟消云散。孩子的艺术发展规律,就像我们所知道的其他的能力发展一样,比如"三翻六坐"(这里说的是个大概),也就是每个孩子的时间表各不相同,大概在这个时间左右能做到,就没什么问题,而且也不是任何能力提前发展就是好的。像我们看到的很多练步车之类的,其实都完全没有必要,甚至对孩子造成伤害。只要不是病理性的问题,孩子们自己会按照与生俱来的时间表练习这些能力。只要我们成年人不去过早地干预,而是给他们恰当的帮助。

很多父母问,到底孩子多大适合学习画画呢?儿童早期的表现是涂鸦,他们只要可以握住笔的时候都适合。当然需要选择颜料安全不刺眼、笔尖不尖锐的水彩笔,也不必纠正孩子大手握笔的姿势,任由他去戳些小点点就好。这就是孩子在练习掌控用笔,孩子的小肌肉的能力还在发展当中,这种看似乱点乱画的练习对孩子是很有帮助的,他会获得很大的成就感，了解到这些笔下的痕迹和他的动作之间的关系。

▶图1-4 大儿子两岁半涂鸦

我还保存着我家大儿子两岁左右的涂鸦，我还记得他不断地拿着笔在纸上画小点点的情景，作为新手妈妈，非常激动看到孩子画出哪怕一点点不成形的印记。我把这些"莫名其妙"的画，用磁铁贴在冰箱门上，搬回国的时候专门带回来一些，保存至今。

图1-4是大儿子不到三岁的时候画的一幅大画，用了家里的油画颜料，把一张卡纸铺在地上，他就果断地刷

起来，那段时间在美国看过好多现当代的作品，抽象作品的画展，就惊叹孩子画的和经常看的"差不多啊"。专门给他配了个金色画框，挂在客厅墙上，特别好看。可惜的是原作并没有搬回来，好在在电脑里翻到了这张照片。

孩子再大一点之后，就开始从乱涂慢慢地发展出线条来了，再后来发现可以尝试着画一个不那么圆的圆圈。然后一个叫作蝌蚪人的这样一个满意的形象就出来了。孩子们每天看上去好像是没什么规律地在乱涂乱画，其实他们心里是特别有谱地发展自己一个一个的艺术能力，而且层层递进、步步为营。

如果我们稍微多了解一点，就不会有这一类的提问，我在很多地方有讲座，问答部分经常有妈妈提问："为什么，孩子两岁半了，他还圆圈都画不圆？""为什么他三岁了，还只是能画一个蝌蚪人？"

我常常要恭喜这些妈妈，她的孩子在艺术能力的发展上相当之不错。再有就会鼓励大家，稍微多花点时间去了解儿童的艺术能力发展规律。其实多了解一点点，就会知道这个时间点，孩子做出这样的一个行为是再正常不过了。蝌蚪人迟早会出现的。

▼图 1-5　兄妹三人即兴人体雕塑

这张图是我常常用来解释儿童在不同年龄阶段艺术能力发展的示例。照片上的三个孩子分别是我家两个宝宝和我可爱的外甥女儿，拍摄时的年龄是三岁、五岁和九岁。

我当时是带他们去一个儿童书店，路过一个西北面馆。外面的橱窗就贴了这个剪纸贴画，很传统的门神尉迟敬德的造型。小朋友都喜欢用肢体去模仿，他们三个也不例外。看到这个形象很兴奋，就站在橱窗前面模仿，我就把它拍了下来。后来我发现，这张照片可以帮我佐证关于儿童艺术能力的特点。

仔细看,三岁的孩子整个动作都是拧巴的;五岁的这个上肢的方向是对了,但是动作非常不到位,腿也抬错了;九岁的孩子呢,不仅方向是对的,动作也相对比较准确,而且表情也可以跟这个剪纸上面的人物有一定的相仿。通过这个照片,难道你就说这个三岁的孩子做得不对吗?一定要让她做到九岁孩子做的这个样子吗?

这样要求显然是不合理的,我们不需要去揠苗助长让孩子超越自己,为了迎合我们的标准去做一些事情。看到有很多这样所谓的艺术训练,其实这种训练对孩子有非常大的伤害,违背了他们艺术发展的规律,看似画得更"好",但对孩子有长久的负面影响。

有一位日本作家,也是美术教育家,叫鸟居昭美。和很多儿童研究者一样,他在深入观察自己孩子成长过程中的涂鸦发展,做了一个相对完善的、关于涂鸦的研究。其实在很多的儿童心理学的学术层面的研究中,不管是东方还是西方的,对于儿童早期涂鸦这个话题也都有很多的论述。不同流派对儿童涂鸦的发展有不同的划分,比如有的学者划分四个阶段,还有划分六个阶段,无论怎样划分,大概的过程是这样几个顺序。

线型涂鸦

在孩子很小的时候涂鸦对他来说其实就是一种无序的、一种无控制的运动,他只是在发展自己的这个对小肌肉控制的能力,无目的地留下印痕。孩子们不断地重复,那就是练习。熟练之后就会到下一种笔触,直到下一个涂鸦阶段。

圆形涂鸦

这个阶段孩子对动作就有了更高的控制,若有若无地出现了一些形状,不那么圆的圆形。某一天突然出现一个蝌蚪人(一个圆圈,四肢从圆圈上直接长出来),可以看到他在努力把周围的世界投射在画里。

命名涂鸦

当儿童对自己有了更多的控制,他也可以更多地把自己在外界认知和生活经验不断地拓展,并投射到这个涂鸦的作品当中。可能他没有办法很好地呈现他想画出来的东西。但是他会通过语言、通过命名来赋予自己的作品更多的意义。

几个涂鸦的过程每个孩子大致相同,只是由于性格或发展能力的不同,或许有的孩子早一点,有的孩子晚一点,但这都是完全正常的。作为父母不要在这个阶段去比较或是用写实的标准来要求孩子，给他们空间和材料去做更多自发的练习就好。

有关涂鸦、儿童艺术能力发展这方面的话题呢，大家可以去看一看鸟居昭美的一本书，写得比较深入浅出，叫作《培养孩子从画画开始》。更多关于儿童艺术发展规律的内容，各位也可以参看《生命合伙人——美育从妈妈开始》第五章"尊重孩子艺术能力发展的时间表"。

7. 培养孩子的创作者思维

为什么我说家庭美育其实很简单，并不是高深莫测的，如果我们每一个人都把艺术家的潜质和特长发挥出来，家庭美育是自然而然地进行的。

而孩子呢，只要每天不去限制他，给他笔啊、纸啊、颜料啊，他就会很自由地去进行创作。如果我们也作为一个艺术家跟我们家里的小艺术家进行交流，我们最需要克服的是什么，最大的困难是什么？

可能你会说没学过，不是艺术专业，自己也不知道怎么做……在我观察到很多父母和孩子的行为时就会发现，比较难的就是我们是不是把自己当成一个真正的创作者。

前几年我做了很多亲子家庭美学的活动，发现父母常常把自己限定在是一个服务提供商的角色，也就是他可以抱着衣服站在外围去观看，可以拿着水壶时不时地给他递到嘴边说，哎，宝贝儿，你来喝水。真的很少有家长弯下腰、低下头、伸出手跟孩子一起进行创作。完全忘记了我们儿时也是一个创造家，也是一个天生的艺术家。

在我们自己成长的过程当中，因为种种原因，艺术离我们越来越远了，而且最可怕的是我们也不认为自己可以称为艺术的创作者。所以在身处这种和创作艺术相关的场景的时候，很自然地认为和我们关系不大，毕竟我们是为了孩子才来的。其实，我们不仅是为了孩子，而是孩子重新给了我们一个机会，可以和孩子一起重新成长，从而找回我们丢失掉的天生的艺术家的潜质和能力。

更重要的是，未来孩子面对的是一个未知的世界，很多现在既有的工作、行业都有着快速的变化。我们怎么样让孩子对未来做好准备，怎样去应对这样一个变化？所谓创作者思维，我觉得是当下，不仅是孩子，我们自己也更应该努力去提升的一个角度。

什么是创作者思维呢？我的理解就是在你面对一件事物的时候或者面对一个未知的时候，愿意去主动地思考并做出行动。面对你不喜欢的事物，思考的角度是我是不是可以做些什么改变？或者是这件事情，没有人做过、没有人这样来表达过，而我是不是可以这样表达，我是不是可以从这个角度来发声。

这个创作者思维，不仅是艺术层面的，更是在面对挑战的时候，如何抉择。就像我经常推荐给大家的一个绘本，名字就叫 something beautiful（《美好的事》）。这个故事特别打动我，我觉得很可以解释什么是创作者思维。你要带来改变，因为你的存在，才使这个世界有了一些不同。

这个故事讲的是一个在不太理想的黑人社区里住着一个小姑娘。她在学校里学了一个词，叫 beautiful。她特别想了解这个 beautiful 到底是什么意思，在这个社区里跟不同的人去交流。面包店的阿姨送她一个牛角面包，她说我的 something beautiful 就是刚出炉香喷喷的牛角包；街边跳绳的小男孩说他的 something beautiful 就是新买的运动鞋；遇到一个抱着小宝宝的阿姨在洗衣房，阿姨就告诉她这个小 baby 就是我的 something beautiful……

这个小姑娘带着思考回到了自己的家里，她的公寓附近有露宿街头的无家可归者，墙上和大门有写的脏话涂鸦。她想："我的 something beautiful 到底是什么？"她自己动手把后院打扫干净，把门上的脏话涂鸦擦掉……她的妈妈回来了，小女孩问妈妈，你的 something beautiful 是什么？妈妈说:"宝贝儿,你就是我的 something beautiful。"

我觉得我们无法确保孩子一生永远生活在完美的环境里,我们无法给他营造一个真空。我们能够给孩子能力和孩子面对这个世界主动的创造力,愿意主动去创造生命中的 something beautiful。我觉得这个能力就是创作者思维。我们今天就可以通过做家庭美育,跟他一起来发现和创造艺术,将创造美好生活这样的能力赋予他。

好朋友时颖是著名的乐评人,在我们一起参与的家庭美育沙龙里,有妈妈问她,如果学校里总给小朋友听小苹果这类"神曲"怎么办?她说:"我们无法让孩子生活在真空里,但我们可以让孩子意识到,孩子是有能力改变的。"给孩子更多的可能性,接触丰富的艺术形式,让孩子了解世界的多样性,同时让孩子知道,所有的艺术都来自人类的创造,无论是现在还是将来,孩子就是那个创作者。

小结

回顾一下,这一课都讲了什么?

第一,人人都是艺术家。

在这个课程当中,我们要和孩子一样,做一个平等的艺术家跟他一起去创造。

第二,重要的是关系。

家庭美育必修课的核心不是教给大家怎么去创作一件完美作品,更重要的部分在于,我们通过美和艺术跟孩子一起构建一种更亲密的亲子关系。

第三,了解儿童艺术发展规律。

作为父母的我们,除了应该多了解儿童智力、体能方面的发展规律,也要知道儿童艺术发展的规律。比如说,他在不同的阶段会有怎样的涂鸦,会有怎样的一些创作的表现。这样我们就不会对孩子的表现有不合理的要求。

第四,我们跟孩子都要成为一个艺术的创作者。

除了孩子,我们也可以重新开启自己的"艺术家"生涯,有自己的发声。这会让我们有机会尝试用创作者思维来看待这个世界,来对待孩子的创作。

家庭实践

练习一：艺术名片

在家里和孩子一起各自给自己设计一张平面，把最想让彼此了解的内容画出来，和孩子通过艺术来重新认识彼此。大家不必被日常看到的名片形式所限制，艺术名片的材质、规格都由你说了算！

小小孩不会写字完全没关系，他们可以通过图画来展示自己，我们也不要拘泥于用文字来阐述，一定要图文并用，学着和孩子一样的视觉表达和思考。

内容虽说不拘泥，但是要好好地思考自己的各种角色（别忘了你是艺术家）、爱好、特点，孩子有没有不了解的一面、能够给孩子惊喜的一面，还有平时你没有机会告诉孩子的事？然后请大胆地画出来吧。

各自单独创作，用最简单的彩铅、水彩笔都可以，不必讨论，分头完成，这样交换的时候才有惊喜。

然后呢？就像第一次见面一样重新去好好地认识彼此啊！

示范一下，把名片郑重其事地交给对方，看孩子是否能够读懂，根据孩子的年龄特点给孩子解释意思。如果孩子很积极地希望先进行，也完全没问题。请孩子自己来解释名片上的图形和画面都是什么意思。

练习最好的结束就是在欢笑和拥抱中重新认识彼此。

练习二：艺术家档案

这个练习的目的是帮助我们的小小艺术家建立一个艺术家档案，我们前面说了孩子是天生的艺术家，对艺术家来说最重要的是什么？就是来了解他创作的走向和脉络。就像很多著名的艺术家会做一个自己的"文献展"，如果档案完整的话，就可以看到孩子少年、青年时期的作品，也就是说一个艺术家的身上可以展现出的"艺术史"。

先不遐想那么远，我们帮孩子整理艺术家档案，除了保存孩子们的作品，还可以让我们从一个轨迹里看到孩子的成长。

艺术家档案的形式可以有很多种，父母们都很忙，也可以用自己最舒服的方式来整理。我用得相对多的是比较大号的、中间有多个分层透明袋的夹子，可以把画比较完整地装进去，尽量不要破坏画面。

我们可以和孩子一起做这样的分类整理，很多孩子的作品特别多，未必把每张都留下来，可以在一个阶段之后和孩子一起整理，共同来决定把哪些作品留下来。

在这个过程中生发出的很多对话是非常珍贵的。比如说让孩子去找自己最喜欢的一幅画，把你们的对话记录下来，与这幅画相关的对话、记忆，可以记录在画的背面，或者记在纸上一起保存。

比如我家有一幅大儿子在幼儿园时候给妈妈画的生日礼物画,上面粘了很多小豆子。这幅画本来画面上没有什么,因为妈妈过生日,主角在中间,红豆子粘的大红色裙子。过了一段时间我知道他为了完成这个作品,主动放弃了在幼儿园自由玩耍的时间,一定要把这个作品完成。这个作品后面的故事真的是非常非常让人感动。

希望大家有机会可以和孩子一起整理艺术档案,也以此为契机,从这些艺术家的作品中去看到他们的成长,看到彼此之间的感情记录。

练习三:准备一个家庭美育手账

第一节课的作业好像有点多,都是很基础的工作,也为未来的学习做好准备。

希望每个人都能准备一个本子,我们把它叫作家庭美育手账,因为孩子有自己画画的地方、创作的习惯,但这个手账是我们可以共同完成的东西,除了一些大的作品之外。举例说,和孩子各自做的名片贴在手账的第一页,可以当作我们全家的一个纪念,所以这个本子没有格子是最好的。关于这个手账的本子,这次的作业是一起来装饰它，把家庭有特色的或自己喜欢的东西尽量放在里面，可以做出和外面不一样的本子，做出特色来。

开启家庭美育这件事，家里的很多人我们都希望他们可以参与进来。因为在我过往跟很多父母的交流中，他们就会觉得，虽然作为第一养育人，其实自己的时间没有那么多。家庭成员也好，其他的一些养育支持者也好，尽可能把他们都融入进来。

这个手账，我们可以跟孩子一起来装饰和使用。装饰贴纸、一些小画、日常出现的想法，这就是全家共同成长的记忆。

当然，家庭美育必修课的一些作业，也可以用这个美育手账来承载。比如说第一课名片作业，如果做得不是特别大，就可以贴在这个手账上，一打开这个手账，第一页就让大家知道拥有者和使用者是谁。可能是你们家里每一个人，也可能是你们集体创作的这个项目。

实践案例

爱跳舞想当护士的晶晶

妈妈告诉晶晶做一张自己的名片吧。

晶晶问:"什么是名片呀?"

妈妈说:"名片就是用一张卡片介绍一下自己。"

晶晶把自己画了下来,"手里举着蛋筒冰激凌,旁边的柜子上是橡皮小鸭、糖果罐。还有一些介绍我不会写字,你帮我写下来吧。"于是口述如下:

晶晶:2012年1月出生,喜欢游戏、跳舞、画画;梦想当护士。

喜欢的颜色：粉色、橙色、蓝色、淡绿色。

喜欢的食物：糖果、饼干、菜、面条、面包。

小花和宝贝的名片设计

时隔四个月，今天又做了一次第一课的作业：设计名片。四个月前完全不理会我对名片的讲解和绘画目的的描述（当时两岁四个月），只是沉浸在初次见到这些花花绿绿颜料的兴奋之中，而今天的对话是这样的：

我：宝宝我们来画画吧！

宝：好呀好呀，我想画好多颜色！

我：我们画名片好不好？

宝：什么是名片？

我：名片就是可以介绍自己的卡片。

宝：什么是介绍自己？

我：介绍自己就是（图省事，其实我也不知该怎么用他能懂的语言描述了）可以画上一些你喜欢的东西，别人就知道：哦，小宝喜欢这个呀……那你想画什么呢？

宝：这是汽车，这是汽车的尾巴……（其实我话都没

说完人家早就开始涂了）

我：还有吗？

宝：这是一个苹果（非圆形），这是苹果的尾巴；这是一个恐龙（就是随意划拉一条弯曲的线）……然后把它们这样圈起来。

接着迫不及待翻背面，把笔递给我，

说：妈妈，你给我画一个长方形吧！

我：好呀！（其实此处内心有 N 多对白和高速运转想接下来怎么画，突然想到亚楠姐说的大侦探游戏）那妈妈用蓝色画，宝宝用红色我们一起画吧。

开始我故意用有点歪歪扭扭的线条来画一个长方形，一边画一边说："宝宝来追妈妈的线条吧。"于是小宝加快了速度并超过了我的线条开始自己画起来，一圈又一圈……画完很开心地宣布："这些都是长方形！"

画完自己的名片，本来计划一起画妈妈的名片，不知哪句话触动了娃，他开始讲故事：从前，有一个小孩……

于是我也立刻跟上娃的思路……

我：从前，有一个小孩，他叫什么名字呀？

宝：张小。

我：张小啊，他是男孩还是女孩啊？

宝：男孩（后来又问一次说是女孩）。

我：他最喜欢什么呀？

宝：最喜欢张璐（爸爸）。

我：还喜欢什么呢？

宝：没有了，妈妈……

于是今天的故事就结束了……

我把他的故事画下来，他边说我边画，之后又记录文字，他看我写写写，也就拿着笔又划拉一通……

今天游戏的最终以他又开始撕蜡笔的包装纸并把它们掰折了结束。

感觉好丰富啊，哈哈哈哈，其中还有一些没有拍照的有意思瞬间，和娃一起的美育活动，越来越有乐趣！

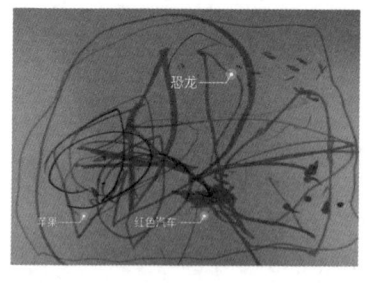
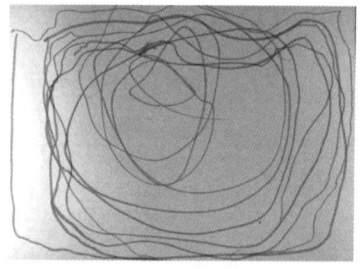

依依：妈妈就是需要和孩子一起玩耍

妈妈问依依：你知道什么是名片吗？

依依：名片就是见到外国人时，挂在脖子上的，让他们知道我是谁的牌子。

妈妈心里惊叹：定义得挺准确啊！

按照这个思路，依依做了自己的第一张名片。

妈妈就地取材，剪了张圆形的卡片。依依说她喜欢这张卡片，说可以代表圆圆的脸，就迅速地拿走卡片了。本以为她会在卡片上画眼睛、嘴巴，没想到她画了蓝色的圈圈。她说代表泳池！

我想主要是依依前段时间去水立方戏水乐园，对玩水念念不忘。

妈妈也剪了一张椭圆形的名片，在上面写下"和孩子一起成长的妈妈"。依依问写的是什么？我先念了第一行"和孩子一起"，依依指着"妈妈"两个字问是什么，我说是"妈妈"，依依自己连起来，问："是和孩子一起玩耍的妈妈吗？"

还是孩子的说法最本质！其实，妈妈就是需要和孩子一起玩耍，足矣！

微米：爱吃水果的超人宝宝

宝宝三岁五个月，我郑重其事地跟宝宝说，我们来设计个自己的名片吧！煦宝好奇地问："妈妈，什么是名片？哈哈，名片就是告诉别人你是谁……以上是我预设的对话，结果什么都没说，怕越说越糊涂。"

我拿了速写本，让他挑了自己喜欢颜色的马克笔。开始画之前我们小聊了一下，问他最想干什么？最喜欢吃什么？今年几岁了？最好的朋友是谁？

"最想变成超人。喜欢吃哈密瓜、苹果、梨、桃子……"几乎把家里的水果说了个遍。两个好朋友，包子和我，手指了指自己。"……那我们来画一画好不好。好啊！很是兴奋。

上来噌噌两下就画了一个小人，很认真地重重地画了圆圈左右两根线，发现不够长还补了一根。"我是有武器的超人哦，超人没有头发的。"

接着画了几条绿色的向中间方向集中的粗线，我很好奇地问他，这是什么？"这是好朋友合体变身啊"……至此超人创作完成，自己又在画面下方随手点了几条黑色短线。

问我："妈妈，看，像不像一个老爷爷？"我很仔细地找了传说中的"老爷爷"。后来我问他，你能画一下你三岁吗？或者你几岁就画几个喜欢的水果。就出现了上面三个大小不一的哈密瓜！

哈哈，这就是我孩子三岁奇怪的名片。希望他以后每年都能给自己设计一份。

第二课　打造环境：打造鼓励创作的家庭环境

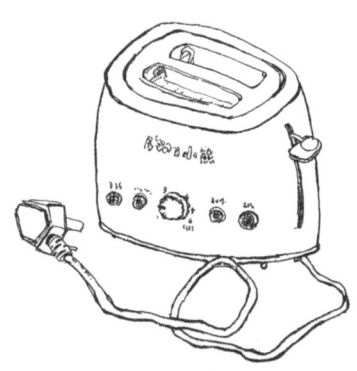

为什么孩子不在家里创作艺术？应该给孩子准备什么材料？

一个什么样的环境会鼓励到孩子的创作氛围？

总是把房间搞乱，该把画材藏好吗？如何引导他？

放轻松，如果你把孩子当作一个随时会灵感爆棚的艺术家。

很多的烦恼换个角度就可以理解他，不是孩子的问题，而是环境错了位。

上节课我们抛出了一个概念，叫作人人都是艺术家，是想从观念的层面上给大家带来启发。

换个角度来看这件事，也就是说孩子是艺术家，其实父母也是艺术家，既然这样的话，你就要更理解小艺术家的需求，也就有了我们这节课的主题，在家庭中打造适合孩子创作的空间。

很多家长问我为什么我的孩子在美术班画画，但是回到家里却从来不动手，让他画他也往后退。还有的孩子会说"我不知道画什么""我不想画"或者"你给我画"，被问得多了，我发现，这的确是非常普遍的一种现象，为什么这位小小艺术家在家里不喜欢创作呢？

还记得我们说过孩子是天生的艺术家，艺术家显然不会只在一个特定的时间和地点才会创作。灵感来的时候，激情来的时候，那是挡也挡不住的。所以一定是哪里发生了问题，说明我们的小艺术家是需要我们出手来帮帮他的。

1. 如何帮助孩子在家庭环境中进行艺术创作

我们可以做些什么呢？我把这件事分为硬件和软件两个方面。软件指的就是在一个家庭当中，成年人包括父母或者其他主要养育人，他们在美和艺术教育方面理念的自然的表达和流露，比如说怎么样引导、怎么样跟孩子交流他的作品、去讨论艺术这件事情。还有在他们的生活当中，美和艺术到底占据了什么样的位置。

所谓软性的部分是整个家庭长久的积淀，一个家族长期的人文、艺术素养能够给孩子提供的软性的人文环境。这是需要我们出身于普通家庭的父母从自身开始不断补充积累的，好在我们已经意识到自身的缺失，已经开始关注。人生漫长，享受美和艺术，慢慢补上就好。

而这节课讲得更多的是硬件部分，它可以更快速地给我们天生的小艺术家打造一个最适合他创作的空间，让他灵感源源不断。

你准备好了吗？那我们就开始吧，给我们的小艺术家打造一个创作的环境。

2. 艺术家需要什么样的工作环境？

大家都知道艺术家工作的环境叫什么，对，叫作画室或者工作室。工作室可能是更普遍的一个说法，除了画画，艺术家常常还会鼓捣点别的事儿。那么如果提到艺术家的工作室，你会想到什么？或者你有没有参观过任何一位艺术家的工作室呢？想象一下你觉得一位艺术家的工作室应该是什么样子的？

工作室对于艺术家的重要性有点像手术室之于一位外

科医生一样,可能这样讲有点夸张。想想看,需要的所有材料都在那里,艺术家进到这个空间里就有源源不断的灵感,他愿意拿起那些材料来进行创作,甚至废寝忘食地沉浸在这个创作的空间里面,进入我们所说的那种心流的状态,有极大的幸福感。

怎样打造这样的一个空间呢?我们先来看一看这些大师们的工作室到底都是什么样的。为什么有如此伟大的优秀作品会在大师的工作室里出现呢?

▼图2-1 毕加索的画室

好像他在画室的照片要么赤裸上身,要么海魂衫。有天分又勤奋的艺术家,平均每天三幅作品。

▼图 2-2 达·芬奇工作室

看上去更有点像一个实验室，又像是一个客厅，这在画家工作室里算是整齐的了。他的箱子里放的是什么？让人特别想打开看一看。

▼图 2-3 克里姆工作室

克里姆就是用了很多黄金去画画的那个艺术家,不知道他的工作室里面把黄金藏在什么位置,感觉画的后面是有密室的。

▼图2-4 莫奈在工作室

第一印象就是好大好大呀,因为他画了好大好大的睡莲,要有地方放得下,就像他把画捐给法国政府,还得专门造个美术馆才放得下。

在我孩子很小的时候,和很多艺术家的孩子一样,他们也经常去爸爸的工作室玩耍。到工作室里大人要工作怎么办呢?就让孩子们去玩各种材料,帆布画框啊还有调色盘、笔、刷子之类的,他们就穿上大人的T恤或者围上围裙,画呀画呀画个不停。

▶图 2-5 小儿子在爸爸工作室

看完这些大师的工作室,每个人的工作室都很有自己的特点,但是很遗憾,因为年代太久远了,我们没有机会问问他,"你的工作室为什么那么乱",或者问问他,"哎,你的工作室为什么堆了这么多的东西啊"?

不过为了这节课,我问了几个艺术家朋友,我们一起来看一看跟我们生活在同一个时代的艺术家,他们是如何看待自己的工作室的,他们喜欢在一个什么样的环境里创作艺术。对他们来说一个能带来灵感的工作室应该长什么样。

生命合伙人

签/到/处

▶图 2-6 艺术家邓大非

首先,我问了艺术家朋友邓大非,大非老师不仅是艺术家,他对儿童艺术教育也有很多的思考,也做了非常多的实践。在问他之前,我还真的没有深入地了解,作为艺术家的他到底是在一个什么样的环境里工作,他给我发来了他的工作室的照片。

▼图 2-7 邓大非工作室

他说，很重要的就是这个空间要大一点。这跟他最近创作的作品有关系，因为作品的规格都比较大。他还觉得毕竟工作室跟家里不一样，所以可能不需要那么整洁。再有就是他应该有一些特别的东西放在这个工作室里，有的人喜欢收集旧报纸、旧期刊，有的人喜欢收藏一些别的东西，总之要有一些自己特别喜好的东西在里面，这样才会觉得比较舒服。

我给大非老师这一类艺术家的工作室下了个定义，我把它叫作"无须太整洁型"的工作室。希望大非老师不要介意。

▶图 2-8 艺术家刘栋

接下来的这位艺术家也是我的朋友，他在四川、北京和深圳都有自己的工作室，一看朋友圈经常是深夜还在创作。我在微信上一问，他就把他最新的工作室拍了一个全景的照片发给我。这位艺术家的名字叫刘栋。

▼图 2-9 刘栋老师工作室全景

刘老师的这个工作室的类型特点，我给它定义为"不必太讲究简约就好型"。什么意思呢，就是他对工作室的要求并没有那么高，但是地方要够大，对他来说最重要的是要有一个能够展示他作品的空间，只要能够创作和展示，其他的简约就可以了。

▶图 2-10 艺术家林跃平

我还问了另一位朋友，水墨画家林跃平老师。林老师的工作室真是了不得，就像一个小小的美术馆，因为他在

这个空间里有个小的展示空间,还有教学空间和创作空间。我问他为什么会喜欢这样的工作室,或者说什么样的条件能成为一个好的工作室,在交流之后我把它定义为"自我小矛盾型"的工作室。

▼图 2-11　林跃平工作室展示空间

为什么呢,他说,首先工作室要有自己的作品,还有就是要有一些玩具,他所说的玩具就是一些小玩意儿,以及自己的小收藏。他还说:"这些收藏未必是价值连城的那种,但要能够给你带来灵感。你跟这样的东西、这样的小玩意儿小玩具在一起的时候心情是很放松的一个状态。"真的没有想到,就是这样一位画传统水墨画的艺术家在他的内心里还是有童真童稚的一面。

▶图 2-12　林跃平老师在篆刻，和小收藏在一起

为什么说他是一个"自我小矛盾型"呢？他说，他在一个工作室的空间里面，一方面不希望太整洁；但另一方面又觉得还是要有一定的整洁度，比如饰物的摆放要有一定的规则。他也觉得自己很矛盾，不管怎样只要每当进入这个空间你觉得很开心、很想创作就对了。

▶图 2-13　艺术家章剑

孩子们称为"章剑大大"的艺术家也是两个男孩芋头和纳豆的爸爸，爱踢足球。在北京疏解的大潮中，他也经历了工作室从北再到北的搬迁。北京的艺术家们提起工作室真是心头的痛啊。

章剑老师对于新的工作室还算满意，问他什么样是理想工作室的样子？他说，不用太大，够用就行。还有，应该比较安静。虽然和每个人的性格有关，有的爱安静，有的喜热闹，不过真的投入创作时，哪位艺术家都不喜欢被打扰。

▼图 2-14　章剑工作室

在问到章剑"除了画材，什么是工作室不可或缺的物品"时，他提到两样：

"一是要有天窗。"

"二是音乐、沙发、桌子、茶、咖啡。"

解释起来大概就是，要有光，要能够享受生活。

▶图 2-15　艺术家王琪老师

我还问了一位女性艺术家，她是一位雕塑家，小小的身体非常瘦，但是她的作品非常有力量。她就是王琪。王琪也是一个男孩子的妈妈，她是电影学院的老师，正在美国做访问学者。

曾经去她宋庄的工作室玩耍，她的工作室我们从照片上也能看到是蛮大的，因为她做雕塑还是很需要一个大的空间来放这些没有完成的作品的。

▼图 2-16 王琪老师宋庄工作室

但是她却说大不是最重要的,"虽然要很大,但是能够有效使用的空间其实并不大,而且在这个空间里气场对就对了"。至于这个气场到底是什么?我相信每个人都有自己不同的感觉。

去几位艺术家的工作室一瞥之后,总结一下我做的这个小小的调查。这几位艺术家朋友对自己的工作室都有什么样的要求,集中一下有几个特点:

1. **空间要大一点,尤其是在创作大幅作品的情况下;**

2. 要有自己喜欢的小玩意儿、小收藏什么的；

3. 待着要舒服，每个人的需求都是很个人化的；

4. 一定要把自己的作品能够展示出来；

5. 气场要对。

有艺术教育学者说，孩子的艺术创作特别像年轻的创造力最蓬勃阶段的艺术家，也就是他们不断地在探索中发现自己的艺术语言，发现自己最特别的地方，所以你要给他这样的一个空间，让他去不断地探索以及折腾。

回到家庭美育，这些艺术家所提到的对艺术工作室的要求，我们在家里能够实现吗？

先别急，我之前看到过一个朋友发的朋友圈，那张照片是他的女儿穿着白色的纱裙坐在落地窗前，端坐着拿着画笔在一个画架前面画油画，那幅画面真的美极了。因为有后面的光打在孩子的身上，有一个金色的一个背影，真的特别特别的美。

请容许我流露一点不和谐的声音，我看着这么美的画面却总觉得有点不对劲，为什么不对劲呢？就像我的一位艺术家老师说的，他说艺术家在创作的时候，其实全部的能量都投射在了这个眼前的作品上。所以这种摆拍的状态并不是孩子最投入的、最好的创作状态。

3. 儿童家庭创作环境的三个原则

看完了艺术家的工作室,不知道是否能给你带来些许启发,我在《生命合伙人——美育从妈妈开始》一书中,关于儿童在家庭中的创作环境,提出了几个最基本的原则,回顾一下,然后再带着大家依据这些原则一步步地实践起来。

原则一:孩子是这个空间的主人

孩子艺术创作的空间一定不是为了摆拍发朋友圈设计布置的。是服务于儿童艺术家的创作规律,他的创作需求,而且他是这个空间的主人。对于材料的获取,是他可以在安全的情况下自由地拿到和自由地使用,这是非常重要的一点。

原则二:能够激发灵感的空间

就像我们前面提到的,有的家长说孩子在美术班可以画画,回到家里从来不画,为什么呢?就是在这个场域里他没有灵感,所以他就画不出来,我们就需要在这个空间当中给它注入灵感。

还记得上文讲的那几位艺术家,都是成年人了,也希望在自己待着的空间里有能够激发他灵感的,他喜欢的小玩意儿玩具或者他收藏的东西。这样他只要置身这个环境,就有源源不断的创作想法流动出来。

原则三：一定要有展示的功能

展览对一个艺术家来说是最最重要的事情了。我们的小小艺术家，他在自己的空间里一定也要把自己的作品展示出来。我想有两个目的，一个是通过展示，他可以对自己更有信心，还有就是他不断地去审视自己过去的作品，也有可能会激发出他新的灵感来创作，或者他对从前的作品有了要修改、要调整的想法以继续创作。

英国艺术研究者马丁·盖福特在和著名艺术家大卫·霍克尼一起创作的《更大的信息》这本书里提到，霍克尼每天除了吃饭和短暂午休基本都在工作室里工作和思考。"墙上挂着未完成和完成的画作，排列方式在不断变化。这是近期作品的私人展览，是下一幅要创作的作品的源头。"

孩子们的私人展览不妨从现在开始。

4. 不买房也可以改造儿童艺术工作室

我们说，孩子是天生的艺术家，我们的小小艺术家是不是应该有一个自己专门的创作工作室呢。大家也不要被吓到了，不是要求大家再去买个房子，或者再多一个房间，房价已经高得挺离谱了，不给大家这么大的压力。除了天窗实现的难度比较大，其他真实的艺术家们提到的条件其实在家里也都是可以满足的。

我们要做的是在我们现有的居住空间里，怎么样通过腾挪，通过科学合理的规划去调整布局，满足儿童艺术家所需要的几个工作室的功能。有了这几个功能，其实就能够满足儿童艺术家的需求了。

主要的功能区域大概有四个，它们不必完全在一个房间里面，可以充分利用家里现有的墙面和角落、家具来组合：

——作品展示区

——灵感激发区

——艺术创作区

——材料收纳区

儿童艺术工作室功能一：作品展示区

这个展示的空间，可以想想看，在家里有没有合适的地方。比如一面白墙，或者在走廊过道的地方，适合把孩子的作品挂在上面。展示功能的主要目的就是让孩子对自己的作品更有自豪感，他可以每天都能看到哦，自己的作品被这么真实地放在那里，来了客人他可以给大家介绍，这是我画的什么什么？为什么要有展示的空间？

很多人说我自己是鼓励孩子画画的，你可能在孩子旁边,画完之后,你说宝贝你画得好棒。或是更专业地用"描述事实"的方式让孩子感受到你真的对他的作品感兴趣。这样语言上的鼓励当然非常好,但远远不及你把孩子的作品很真实地放在一个画框里,在一个大家都能看到的地方挂出来。

行动胜于语言。

关于怎么布展,我们虽然不去和艺术行业专业的布展来比较,但在家庭当中给儿童艺术家布展也可以有遵循的线索。仔细观察和了解孩子,有很多他感兴趣的话题都可以用得到,比如说,很多小朋友会在某一段时间里特别喜欢某一个话题、某一个主题的东西,他会不停地画不停地画。

▶ 图 2-17

在超级英雄墙前面"耍酷"

举个例子，在我家里，大家看到的这张照片有点昏黄，是我一天晚上拍的照片。大家看墙上贴的这些画都是我们家大儿子的作品，他画了很多各种超级英雄的形象。我相信家里有男孩的父母一定会非常理解，这些男孩子很喜欢各种超级英雄，他们常常把自己投射在里面，从这些超级英雄身上获得自己渴望的力量。

我把他画的不同的超级英雄主题的画都贴在了墙上，有一阵子他每天多了个活动，一定让我去选，问我："你觉得哪一幅画得最好？"我就要选一个。然后他还会问："你觉得哪一幅画得第二好？"就需要再选一个。那个阶段他每天不断地问，第一、第二、第三是哪几幅，为什么？如果有的超级英雄没有入选，他还会很遗憾。家里来了小朋友呢，他也愿意给大家介绍说，这是我的超级英雄墙！

所以关于布展，我相信每个家庭都有自己现实的一个条件，大家可以很灵活地去应用。比如说，我家的小儿子，他曾经做了一件什么事，他发现家里墙面有空白的地方，都被大儿子的画给占得差不多了，他也要求有个展览的"机会"，但没地方了该怎么办？

我把一个做隔断的柜子背面分配给他贴画，但是位置的确不太理想，一般外人来家里肯定看不到，除非要特意引导过去看。有一天，他又画了好多自己的作品，实在没地方展示了，他就把这些画用胶带都贴在了自己的身上，然后他在屋子里一边走一边跟大家说，你看这就是我的展览！

▶图 2-18 人体流动画展

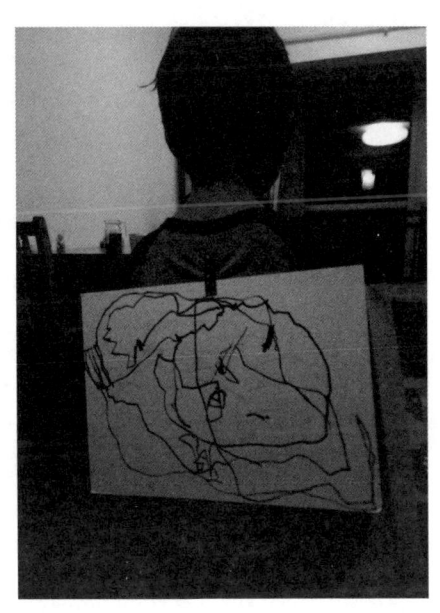

在各种条件之下，你都可以去做小小的展览空间，这就要考验你的创意，在家里到底怎么样去给孩子一个展示的机会，不妨让孩子们也参与进来，他们的脑洞会让你大吃一惊。

▼图 2-19 家庭美育课作业实践：家庭画展

这个照片就是参与家庭美育必修课的妈妈发来的作业实践，她在家里的过道位置给孩子布置了一个小小的展览墙。孩子特别激动，还邀请妈妈爸爸把作品都放在一起，变成了一个全家的联合展览。

所以在"布展"这件事上，可以非常灵活。我们从不同的主题、人物或者阶段性的兴趣点、家里特有的生活习惯或者仪式，从这些角度出发，有一个只属于你们自己的最特别的展览。还有要记得，这个展览是可以有一定周期的，展出一段时间之后，跟孩子一起去讨论和商量有没有新的作品愿意放上来，你们愿意怎么样更有创意地来布局这个展览。

在之前的课程里还有一个妈妈名字就很文艺,叫"带一本书去巴黎"。她想了一个很有趣的办法,我常常推荐给妈妈们。"带一本书去巴黎"把一些大师的或者真正艺术家的作品打印出来,然后跟孩子的作品放在一起来进行联展。

这位叫 Emily 的四岁小姑娘当仁不让地成了梵·高的策展人,当然策展人自己的作品可以跟大师的作品放在一起参展。妈妈说 Emily 自己来安排展览的布局,她很喜欢梵·高画的《房间》,还念念有词,"这么好的房间怎么没有人住呢",大笔一挥超级有爱心地给梵·高画了一个长睫毛的女朋友。

▼图 2-20 梵·高特展

▼图 2-21 梵·高的女朋友

儿童艺术工作室功能二：灵感激发区

儿童艺术工作室的第二个更主要的功能就是灵感激发区。什么意思呢？大家可能都会发现，小朋友特别喜欢从外面捡一些东西回来，什么小石子啊、小羽毛啊，或者一些莫名其妙的小玩意儿。有的东西我们看上去好像是垃圾，但是他们却当成宝贝一样，放在枕头下面或揣在兜里。

有的妈妈可能会觉得这个不干净，把它丢掉。但你仔细观察孩子就会知道，对他来说，这些小玩意儿都是特别特别珍贵的，可能承载了他们很多的想象在里面。

我家的小儿子就是这样一个特别喜欢收集各种小玩意

儿的孩子。前些天我们两个看一本书——《毕加索和马尾辫女孩》，里面就提到这位著名的大艺术家常到破烂堆里捡东西，然后做成艺术品。他点点头说："嗯，我也是。"

在小儿子的学校里有一个特别奇葩的玩耍地方，孩子们都叫它 UFO 大坑。在我看来就是一个直径几十米、深两米多的土坑，坑里长了一些枯草，还有一些旧轮胎什么的，真没什么好玩的。但是每天放学我去接他的时候，他和一群孩子都待在那里面挖呀挖呀、抠呀抠呀，还经常从那个 UFO 大坑里带回一些小东西。

比如有一天他带回一个小瓷片，一直跟我非常认真地说："我们学校以前一定是在地下，是有古代人住的，你看我挖出来他们之前用的碗的碎片。"还有的时候他会带回一个小石头，特别认真地跟我说："你对着阳光看。"我就对着阳光看了看，什么也没看见，然后他就说："你知道吗？这里面啊一定是有一个宝石！"

其实想想看，谁又知道呢，或许真的在这些看似普通又没什么用的小玩意儿的表面之下蕴藏着宝藏，这个宝藏就是孩子们无限的想象空间。我们也可以帮助孩子，用一个我叫作 magic box（魔术盒、魔法盒）的小盒子把他的这些收藏很认真地分门别类去保存起来。在不断看着自己最喜欢的小玩意儿时,家里的小艺术家的灵感很可能就会源源不断地流淌出来,他的创作灵感也慢慢地生发出来了!

▶图 2-22　南瓜和纸筒统统留下来

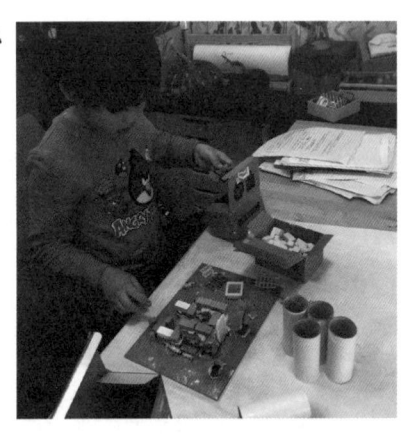

当然,提到灵感激发空间,大家也不要觉得难道就是摆一堆莫名其妙的小玩意儿、小破烂吗?也不是。大家可以看,比如说我在家里会跟我的孩子常常看的一些关于艺术的书籍,比如《DK 儿童艺术大百科》我常常把它放在孩子们的必经之处。

没有人说,灵感激发空间就是一个固定的区域,通常我把它放在他们最喜欢坐的懒人沙发上,在坐下之前他就必须要挪动这本书,顺便就打开看一看。或者有的时候,我会把书刚好翻到我希望他们去了解的一些内容的页面,那他们坐下之前就会用五分钟再看一看,这个地方,我好像知道,这个艺术家的作品真的好奇怪啊。

很多时候就是这样,比较随意的时刻,逐渐地就把孩子们很独特的想法给激活了!

比如有一次他们在翻开的书页里看到艾奥瓦人格兰特·伍德的作品《美国哥特式》,特别容易辨识的两个长脸的农民夫妇(其实是父女)在自己房子前的形象。然后他们又想知道什么叫哥特式,书上提到哥特式的特征就是有很多很长的竖线,我们搜到了不少哥特式建筑的图片,这样就能大概了解哥特式的特点,也知道这样的特点和元素是可以用在肖像的表现上的。

不必急着让孩子输出,这些艺术的元素储存在他的记忆中,会潜移默化地帮到他未来的创作和表达。

▼图 2-23 两只海盗　▼图 2-24 纸箱雕塑造型

 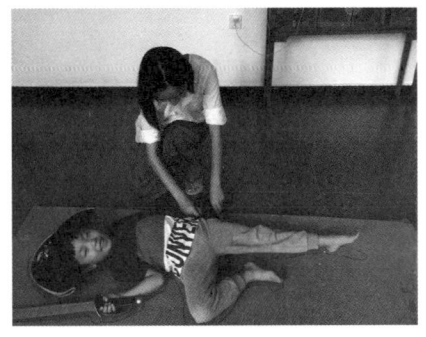

有一段时间小儿子和他的好朋友都迷上了海盗，他们有全套的海盗装备，两个孩子都有和杰克船长同款的海盗刀，每天打打杀杀。有时候还要求放着《加勒比海盗》的电影原声来表演。

去年夏天放假的时候，两个海盗又凑在了一起，我们就把搬家用的大纸箱各自做了两个比真人还大的立体纸箱雕塑。因为船长总要有个手下才威风啊。把纸箱打开来，海盗打扮好摆一个造型躺在上面画出轮廓来，再按照他想象的最厉害最凶狠海盗的样子去把它画出来。看上去这些无厘头的男孩子打打杀杀的内容，也可以成为小艺术家艺术灵感创作的来源。

儿童艺术工作室功能三：艺术创作区

其实在灵感激发的部分，已经涉及创作的部分，这两者的联结相当紧密。还记得前面提到雕塑家王琪在"采访"中说："工作室再大，其实有效的那个空间也就那么几十平方米。"当然了，对这种职业艺术家来说需要那么大的空间，对我们家里的小艺术家来说，孩子们经常用到的创作环境基本是适合他身高使用的一个小桌子、小椅子，以及日常会经常用到的一些材料。

有这样的一个空间（角落），作为儿童艺术创作的一个重要的区域,我觉得就足够了。这个艺术创作的区域更重要的是对孩子来说,他进到这个场域里面,他就会联想到了要做艺术创作的这个事儿,这是挺重要的一点,因为如此一来创作就慢慢地变成了一种习惯。他到了这里就希望来做点什么,如果桌子、椅子、工具刚好都在那儿,就坐下来画点什么,免得在准备的阶段兴趣又转移了。

当然每一个家庭里面的这个核心的创作区域可能都不一样。有的家庭可以有这样一个角落,可能不是桌子,孩子可以做更多的这种架上的一些练习,比如说把纸放在这种画板上,可以用一个画架的感觉,看上去又特别专业,这种形式感对孩子也挺重要的。

▼图2-25 刚搬完家的工作室

我还听到一个妈妈说家里的孩子很小,他就用很大的白纸贴在墙上,把颜料放在旁边,孩子每天就养成一个习惯,他会让姥姥帮他把颜料打开,然后他就在这个创作的区域不断地去涂涂抹抹。

在孩子不同的年龄,我们给孩子最适合他的一个创作空间。你最了解孩子,所以要看你的孩子最喜欢、最适合在一个什么样的条件下去创作,发挥创造力因地制宜。

▶图 2-26 架上创作

上面的照片是我家的小儿子,他还蛮喜欢这种形式感,就是要放一个画板很认真地放在画架上面,然后左手要拿着调色板,右手拿着刷子,在上面不断地刷刷刷,这个创

作的形式他自己觉得既专业又高级。

参加过家庭美育必修课的很多妈妈也发现,平时不喜欢画画的孩子开始主动要求画了,平时很难坐下来的宝贝也可以安安静静地画很久。

教育理论说,孩子的学习有三个老师:老师、家长、环境。我们可以在孩子的成长过程中不断地看到环境带来的影响。

家庭美育当中有意识地稍微做一点空间的调整和变化,孩子们就能够感受到。他也会知道艺术是一件在时间、空间和资源上父母都会给到支持的事情,他们自然会受到鼓励也郑重很多。

▼图 2-27 狂野创作的大儿子

这张照片是我家的大儿子,他的个人风格稍微狂野一点。刚搬家的时候是夏天,他们的创作空间有点热,没来得及安装空调,他就赤裸着上身。当时他完全沉浸在很多这种手工的创作当中,特别喜欢做一些用木材、纸箱、胶枪又粘又贴,做了很多"机甲"。

做到一半的时候,就把这个机甲套在身上试试,看胳膊能不能伸进去,头能不能伸出来,还是不是需要装一些其他的装饰,忙得大汗淋漓,所以赤膊上阵也比较方便,免得不断地穿脱。

每一个孩子在他的那个年龄,喜好是不一样的,还有使用创作工具的能力也是不一样的,所以这个空间的大小以及布局也要根据实际情况,灵活地掌握。

▼图 2-28　家庭美育课作业实践:儿童创作区域

这张照片是陶然妈妈分享给我们的,她把书架旁边放了一张小桌子,还有两把小椅子,每天孩子回家就可以在这个固定的地方来画点什么。

我觉得它很有创意,就是因为在桌子前面还放了一面镜子。大家知道,很多时候孩子会说:"不知道画什么。"在这个时候我们就可以建议孩子说:"你抬头画一个今天的自己吧!"可以认真地去看看自己先来个自画像,自己给自己一点灵感。很多大艺术家都画了大量的自画像,认真探索自己就是通过内求探索世界啊。

我们每个人都可以灵活地去根据家里的环境来做一些调整,重要的是你的孩子在这个空间里面,他觉得很舒服很自在,他坐在这里觉得很有灵感,成为他未来创作的出发点。

儿童艺术工作室功能四:材料收纳区

还有一个工作室绕不掉的很重要的功能,就是储存艺术材料的功能。这个话题在很多父母看来,真是一个老大难、头疼的话题。为什么?因为很多孩子可能很高兴拿过来材料拿过笔就画,画完之后很开心,可过一段时间兴趣变了,这些材料和笔就被丢到一边。

怎么样更好地去给这些绘画的材料和工具分类呢?这

是一个有挑战的话题。但我觉得更重要的是，这个储存的空间，大家不能因为说我不想让家里弄得乱了、脏了，我把它放在一个孩子够不到的地方。可大家有没有想到，一旦孩子灵感来了，想用一个什么样的材料可自己又够不到，孩子很可能就放下了创作这件事情。

记得2016年我去纽约参观一所高大上的幼儿园，进到那所幼儿园里，刚好是下午，他们午睡之后是一个自由活动的时间，然后每个孩子就会特别规矩地排着队，一个个跟老师说我要用一个什么什么样的材料去做一个什么。获得了老师的允许，另一个助教就走到一个高高的架子上双手举得很高，拿下来一个材料盒子，把这个盒子居高临下地递给孩子，孩子端着它老老实实地、一步一步地走到自己的桌子前开始来做这个事情。

坦白地讲，作为一名参观者我只看到了这样一个局部的场景，并不代表这个教育处所的全部，但是心里还是很惊讶和不愉快的。让人惊讶的是这么高大上的教育机构老师用这样的态度对待孩子，不愉快的是整个过程中感觉是成年人以一种我允许你来做这个创作，施舍一样地拿下来这个工具给你，现在你可以去做了。

我觉得在这个过程当中我会看到那个小孩子脸上其实

一点都不享受，因为在那个场域里面，他不是材料的主人。当然这样的安排，老师们对于材料能够更好地管理，他们才是材料的主人。

在家里，我们当然可以给孩子更多的自由来安排这个创作材料的储存收纳空间，最基本的应该是孩子可以够得到的，他可以自由地使用的。至于怎么样来教会孩子更好地给材料贴标签，怎么样分类也好，物归原处也好，我们需要给他做示范。

如果完全不想让孩子碰到的材料，那就彻底地收起来，不要让他看到。

储存的方式应该符合孩子的认知和孩子的能力发展阶段，以及孩子的使用习惯。我们跟孩子一起去把这样的空间打造好。当然了，我们也不是说一定要买很多高大上的储存的工具，就根据家里现有的一些条件来实施。比如说，用不同的罐头盒啊或者其他的一些咖啡罐把笔进行一个分类，然后用不同的夹子把纸来进行不同的储存，我觉得越是开放地、跟孩子一起平等地交流和讨论，他就越愿意参与到事后的收拾收纳整理的过程当中。

任重道远啊。作为两个男孩的妈妈，我也要和大家一起继续努力。

▼图 2-29、图 2-30　家庭美育课作业实践：材料收纳区（装好的样子）

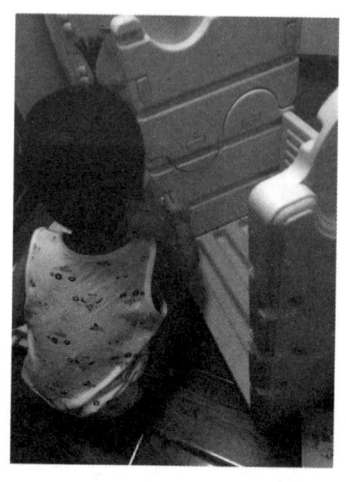 

这张照片是之前参加过家庭美育必修课的妈妈分享了怎样更好地去打造一个空间。她买了一个比较简单的小柜子。因为孩子很小，她买的是一个比较安全的塑料材质，比较圆的这种柜子，拿来之后，孩子跟她一起来组装。虽然孩子做不了什么，但是整个过程一直参与其中。

她说："如果是以前肯定会觉得自己装省事，没有娃捣乱，会把他支开去奶奶屋玩，自己来折腾。这次我们配合，他放钉子，我拧螺丝，装错了他说：'妈妈，对不起。'我说：'没关系，我们可以重新来装。'就这样装错了拆，拆了又装。现在他一看到小柜子就会说：'宝宝组装的！'一副很骄傲的表情。"

所以想想看,很多时候我们不是买了多么奢华的一些工具或者教具,而是我们让孩子参与其中,他真正地成为这个空间、这些材料、这些物品的主人,他们自然就会珍惜起来。

打造鼓励创作的家庭环境,根本还在于孩子是如何感受到父母真正的包容,在网上流传的一个桥段就是,一个叫 Massicotte 的小宝宝在墙上画了个小房子涂鸦,而他的父母用了意想不到的方式保留下来。见下图。

▼图 2-31　涂鸦房子

▼图 2-32　作品说明

在网上的评论里,很多父母反思自己的做法,要是孩子画在了墙上,该鼓励,该纠正,还是该惩罚?看着这么专业认真的作品标签,你会怎么想?

小结

还记得这节课都讲了些什么？要给我们的儿童艺术家在家里打造一个最适合创作的空间——一个儿童艺术工作室。这个工作室不需要再买一栋房子，不需要再增加一个房间，而是把儿童艺术家工作室最需要的四个功能都实现出来。

儿童工作室四个功能/区域：

作品展示区：要把艺术家的作品展示出来。

灵感激发区：艺术家最喜欢的物品要在这里面有呈现，激发源源不断的新想法出现。

艺术创作区：一个相对固定的适合他的身高、年龄发展的创作空间，进到这个场域里面，他就想开始做点什么、画点什么。

材料收纳区：把孩子各种创作材料分门别类地收纳起来，自主使用。

打造一个儿童艺术工作室，最重要的核心是把孩子当作空间的主人，在腾挪布置空间的过程中，孩子参与其中，一起规划和设计。

家庭实践

我们的家庭美育必修课是要完成作业才可以的哦，因为唯有如此，才可能走出舒适区，在做的过程中加深和孩子的联结。

没有时间完成作业的朋友也不要着急，这是一个持续的过程，在后面还是可以继续回来跟孩子一起完成的。还有一些妈妈在一个课程周期结束之后，又和孩子一起重新做第一课的名片作业，她发现，在短短两三个月的时间里孩子也有很大的变化。我们和孩子都在成长，每一次的全情投入必有新的收获。

作业一：跟孩子一起重新设计艺术工作区

这个作业看题目就知道要做什么了。大家说孩子太小怎么办？没关系，孩子太小的话父母可能就要自己先想一想，怎么样满足孩子的需求。在一些细节上征求孩子的意见，给他一些你可以接受的选项，让他参与决定。当然父母也不要太过低估孩子的能力，艺术家或许有一些不走寻常路的想法，如果对家里环境的大局和每日生活没有太负面的影响，我觉得可以尊重一下孩子的意见。

年龄大一点的孩子的父母就可以跟孩子一起来充分讨论，这个柜子放在哪里，你希望用哪一个桌子，希望哪些东西摆在哪里，你最喜欢的工具是什么？

更重要的是让孩子参与进来。记得吗？两岁的小宝宝还会和妈妈一起亲自动手来装一个小架子呢。在真正动手做空间调整之前，我们和孩子以及全家一起来讨论规划，把设计的点子记录下来，这个过程也是对生活在同一空间的每个人的尊重。

如果可以，用大的纸张充分画下空间的布局，就此讨论。如果没有时间和条件，这个作业也很适合记在家庭美育手账里面，或者随手就在笔记本上来画几笔也没关系。

重要的是开放你的想法和心态，这不是一个"设计"项目，不需要完美的设计图，最核心的是让孩子参与进来，成为艺术工作室的"主人"。

作业二：空间大腾挪
——和孩子一起动手改造家庭艺术工作室

这个作业是作业一的延续，和孩子一起把你们计划好的重新布置工作室的方案具体地实施出来。当然，如果没有特别认真地做作业一的设计和规划，在实施之前用口头的形式来充分地沟通也是可以的。或是按照功能区域一个一个地分阶段完成。

跟孩子一起把桌子腾挪开来，把材料放在不同的地方，还有他的一些想法怎么样在里面实现，哪些书、哪些物件只要他觉得最能激发自己的灵感，应该放在什么地方。

希望你把这个过程能够跟孩子一起去讨论，在一起腾挪的这个过程中有什么对话、发生了什么都记录下来。在这种和孩子"肩并肩"工作的过程中，更是一个可以了解到孩子关于艺术、关于创作他自己独有的想法的好机会。每个艺术家自己独有的这些想法都要获得我们的尊重。

欢迎大家"交作业"，发送到 life_partner@126.com，把腾挪创作空间之前的样貌拍下来，腾挪之后是什么样子来做一个对比，也拍张照片。改造的对比照片也可以发在自己的朋友圈，把大家的反馈告诉孩子，延续对这个空间的设计思考和讨论。

再有就是在这个过程中你们有什么对话和新的发现也可以记录下来，也期待大家把空间大腾挪的成果来告诉我。

切记，不必急着去剁手买新的柜子、桌椅或其他家具，先仔细观察现有家庭的环境，哪些替代品可以使用，毕竟你们这些艺术家有化腐朽为神奇的力量。充分利用现有资源，很多事物换个角度看待就能焕发新生。

一起动手开始折腾吧！

作业三：准备一个 magic box

如果精力有盈余，就可以做一下这个作业：准备一个 magic box。和孩子一起把能够获得灵感的物品放进去，成为工作室布局的一部分。

这个魔法盒可以把孩子们平时收集的一些小玩意儿分门别类地贴好标签放在里面，比如说小石子就写上一个不知名陨石／宝石或者是待孵化的恐龙蛋。这些命名和写标签的过程，可写、可画、可分类。

我觉得其实这是一个跟孩子一起创作和互相了解的过程，也是一个一起玩耍得很愉快的过程。毕竟都是孩子的宝贝，我们要有耐心去仔细听听这些"宝贝"背后的故事，才能真正懂得他们是从什么角度看待这些"破烂儿""变废为宝"的。

这个 magic box 当然就可以放在灵感激发区（没准儿他还想每天抱着睡觉呢，其实也没什么不妥）。

作业留完了，特别期待能够收到大家的反馈，能够看到空间腾挪的结果，能够听到大家跟孩子有什么样新鲜的对话发生，有什么新的创作产生。期待能够看到更多艺术工作室在你的家庭当中呈现出来。

实践案例

和孩子一起规划作品展示区

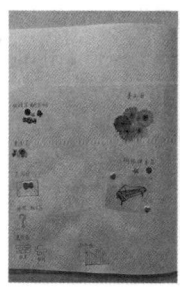

在听讲座之前,依依已经有自己的美工区,但没有展示区。

亚楠老师对工作区的理解很深刻,给我很大的启发:

孩子的工作区不仅要让孩子方便、随时能创作,还要顺应孩子的喜好、激发孩子的灵感,最后还要展示、给孩子成就感。

按照这种思路,我和依依一起设计了工作区的草图,增加了展示区。画草图前,依依已经知道家里各个区域的用途,妈妈写下各区域的名字,依依贴上喜欢的贴纸。布置展示区时,依依恨不得想要挂上所有的作品。

最后,与妈妈协商一致:轮流展示,先展示一部分,有新的作品后再更换。

孩子的画是值得珍藏的"宝贝"

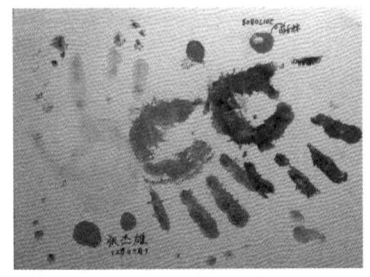 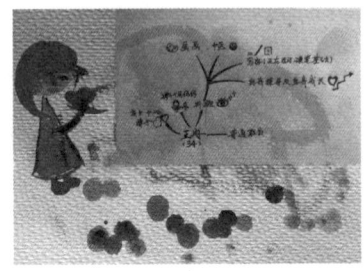

孩子一岁多的时候，看见我画画，只要他要笔，我就会给他画一会儿，他会很开心地胡乱画一通，也会学我排线的方式很快速地来回运笔，但最初应该是手的速度不够快，于是就看到他小手在缓慢地排线，小脑袋瓜在不停地摇晃，他用"快速摇晃头"的方式来模拟我快速排线的感觉。我能体会到他应该是捕捉到排线的"速度"这一信息，真的感叹小娃娃的观察力和学习能力。

但我为了吸引他的注意力会画些形状和绝对超出他能力的图案给他看，但几次之后问题来了，他总会说："妈妈画，宝宝不会画。"这是不是已经被"妈妈画得更像"打击到了呢？而他又很喜欢"妈妈和宝宝一起画"于是我就故意模仿他画出的样子，问题稍有改观，但也总会看到他投入而热情地画一两分钟之后就会说："妈妈画……宝宝不会。"

他还喜欢用笔在纸上戳着画，开始我会立刻制止，因为心疼笔啊，于是我换个思路给他不容易戳坏的笔戳，或者干脆就做好被戳坏的准备，戳着玩吧，你开心创作就好。

最近开始玩水彩，用软软的笔，用颜料在纸上画，都是和之前不同的体验，第一次画就听他一直"哇~""好漂亮""宝宝喜欢这个颜料"，竟然玩了近四十分钟。而后的两天依旧会想要画颜料但时间短得多。

这也是我的困惑之二：感觉宝宝做事情的专注时间会因为是重复的事情不断缩短，换句话说喜新厌旧的速度太快了，至少比我预期的快，所以我会担心这是不是"不能专注"的表现？当然这个小焦虑也是一闪而过还没有成为一个问题。好在遇到《生命合伙人》，现在要做的就是尽可能不去"打扰他"，努力保护好他与生俱来的特质，引导他按着自己的成长轨迹，长成他本来的样子。

还有一点体会：最初我总觉得给他笔就是瞎画嘛，就随便找个横格本子让他涂，舍不得让他用我"专业"的画纸，但一段时间之后我发现，那些不专业纸上的"作品"总有当成废纸扔掉的冲动，但又想到上面有娃的作品，还是收起来，但看到那么"难看"的纸就很难受。

后来我就在想为什么会这样？原来其实我内心深处是觉得：娃的涂鸦不是作品，"不配用"专业的画纸。这个认知吓了我一跳，这很像我小时候被灌输的思想：只有好的、完美的才配得上好的东西。于是我开始给娃用我的画纸画画，没有了"不配用"的想法，我看到他在洁白画纸上的涂鸦变得更加生动，这些是值得我珍藏的宝贝啊！

告别浮云：为什么一定要像呢？

今天晚上孩子画画时问：

"我能把草画成深浅不一的绿色吗？"

"为什么不行？"

"我怕爷爷说我画得不像,不好看。"

"爷爷这么说是他的想法,你自己觉得呢?你想画什么?你觉得自己画得好看吗?"

"我觉得挺好看的。"

"可是我画得不像真的可以吗?"

"为什么一定要像呢,画画是把你心里想的画出来啊。"

第三课

获取资源：
从自然和生活中发现艺术教育的资源

　　总认为美和艺术是高大上的，不食人间烟火的事物？

　　买昂贵的进口材料才能画画？坐在专业教室才能开始？

　　美有更博大的心胸，艺术、自然、生活都是美育的资源。

　　艺术创作的灵感和源泉更无处不在，带你打开感官和想象。

　　艺术的资源就在你身边，就在你手边。

在我们的身边，在大自然里，在日常生活里，有很多可以用来创作的材料和主题在源源不断地等着你去挖掘出来。这节课的主题——从自然和生活中发现艺术教育的资源。

1. 美和艺术随处可学

让我们先静下心来看看艺术史上绕不过去的一位大师，创造了《大卫》——创世纪这样不朽杰作的著名雕塑大师米开朗基罗的一段话，他是从哪里学习艺术的？米开朗基罗说："你问我在什么地方学来的雕刻？在森林里看树，在路上看云，在雕刻室里研究模型学来的。我随处学，只是不在学校里。"

大师就是大师，说得挺深奥的。那么这段话说的是什么意思呢？我来解读一下，他就是说在自然和生活当中，只要你用心地去体会，总是会有源源不断的艺术创作灵感涌现出来。另外还有一层意思，具体来说，就是在自然和生活中有很多的内容，更有很多的素材等着我们去把它挖掘出来，并用到我们的艺术创作中去。现在我就带你一起去发现我们身边到底有什么样的宝藏可以挖掘。

儿童的美和艺术教育的启蒙还真的不是钱花得越多就越好，重要的是你如何把身边的宝藏用好，这样大家会觉得很难、很没头绪吗？下面我给大家举个例子，我们先来看这张照片。

▼图 3-1　来自厨房的色彩

在这张照片里，大家可以看到一群孩子蹲在一起做着什么，这是我和很多妈妈带着孩子一起做的艺术活动，不过我们创作用的不是一般的材料，而是来自厨房的颜色粉末。我们用的绿色的是抹茶粉，咖啡色的是咖啡粉，白色的是面粉，红色是红曲粉以及辣椒粉（放心不会让孩子吃的），这些材料都是来自厨房有颜色的食材，然而到了我们的手里就变成了创作用的材料。

我们时常需要转换一下思路，从来没有人说只有那些装在管子里、装在精致的包装里或者放在画店里卖的那些材料才可以用来创作。来自厨房的材料也传递给孩子们一个大概念——自然是有颜色的，世界本来都有色彩。

之前，一位幼儿园园长告诉我，说她有很多关于儿童艺术教育和艺术创作方面的题材，我跟她说，其实学龄前的孩子，随手找些材料做出肌理即可，哪怕是没有什么形状，即便我们大人看不懂，感觉没有什么意义也没关系，因为在这个过程中，孩子已经收获了很多，他们的能力会有所提升，他们会成长起来。提到肌理这个概念的时候，这位幼儿园园长就特别困惑，她说："肌理，哪个肌哪个理？"

在这些年和大家的交流中我发现，有很多艺术的概念在教育者以及在父母中还是非常陌生的。肌理对于艺术家来说是挺常用的概念，与在平面上去创作一个图案不一样，肌理更多的是指用触觉也能感觉到的特性。

举个例子，我有一本书，里面这样写道："很多当代艺术家都在不断地尝试着创作各种不同的肌理展示出各种不同的效果。"这本书的名字叫作《艺术绘画工作室》，这本书是两个美国艺术家一起撰写的，里面提供了几十个富有创意的点子。

当你们打开书就会发现，里面就是教你用各种不同的材料,不是画材,而是生活中甚至是工业里用到的一些材料,通过各种不同的融合、组合、实验,从而你会发现有很多不同的肌理效果,很有趣。

书里的很多方法其实都可以被我们借鉴,用到儿童的艺术教育和艺术创作中去。很多艺术家特别严肃认真地探索着各种不同材料的混合,利用类似的方法来创作,比如我就听过一位青年艺术家说,她以及她的很多朋友都在instgram上寻找制作方法。

儿童艺术的创作更是如此,我们可以在生活中、自然中找到很多平时我们想不到的材料,然后将它们用各种方法组合在一起,创造出不同肌理的效果,这就是一个很有趣的过程。

2. 在家庭中寻找艺术的灵感和材料

此刻,你眼前会不会迅速地闪现出藏在家中的角落里那一个个宝贵的材料?你要知道,它们可不是贴着标签,上面写着:"我可以用来创作,请来找我!"一定不是这样的。我们要用自己的创意来把它们的潜能充分地挖掘出来。我们先到厨房里去看一看有哪些?

A. 可以用作创作的材料

B. 可以当作创作的题材

C. 可以看作创作的时机

我们每个家庭的生活习惯都不一样，厨房里的每件东西肯定也是各不相同。下面，我就给大家讲讲，几位加入家庭美育必修课的妈妈们带着她们的孩子，利用厨房里的材料创作出来的小作品。

▶图 3-2　锡纸小人儿雕塑

大家所看到的图 3-2 的照片是锡纸小人儿，这是一个妈妈用厨房里的锡纸与孩子一起创作出来的，从中我们可以看到，他们用锡纸给这个木头的小玩偶做了一件漂亮的晚礼服，而这个很有造型感的锡纸小人儿，他手里还拿着一个用红颜色点了很多波点的草间弥生的南瓜。

▶图 3-3　调料画

图 3-3 中的小姑娘在妈妈的带领下利用厨房里的很多材料画了一幅画，而且她超越了之前我给大家分享的那个例子，不仅是用彩色的粉末，而且她还在画面上贴了八角、莲子，图案极富立体感，立刻将画面香喷喷地生动了起来。简直是太有才了。

只要妈妈和孩子开动脑筋，在厨房里，我们可以发现很多天然的材料是适合来作画的。

比如说不同的蔬菜，可以换一个角度来看，如果把它横切开来，你可以发现很多不同的有趣的图案，那么这些形状就像印章一样，盖上颜料之后，在纸上就会呈现出非常有趣的图案，比如用白菜的根部，蘸了红色的颜料之后，然后作为印章盖下来，就会得到白菜心玫瑰花的画，非常漂亮。

还有西兰花，把它侧切之后，再盖在纸上，就会发现是非常天然的一棵树的形状。如果印了很多这样的图案，那么就会得到一片树林，还有很多的蔬菜和植物也都可以为你所用。比如玉米，把它蘸上了这个颜料，干的玉米，或者吃过的玉米——玉米棒子，当把它蘸上不同颜色的颜料，在纸面上滚动，你就会得到特别像印刷品套色那样的效果。

现在就到厨房里去看一看，在家里到底还藏着一些什么样的材料，可以跟孩子一起创作不同的肌理和图案。

▼图 3-4　蛤蜊壳创作的蝴蝶

当然，除了我们挖掘蔬菜的无限潜能之外，还有很多可以为你所用的材料，比如，图3-4这张照片，就是很有才的爸妈，他们用蛤蜊壳做成小蝴蝶的图案，然后可以在上面画画。

那另外还有一个屡试不爽的就是面团，永远玩不腻的面团，不管家里在做什么样的面食，都可以给孩子一个机会让他参与其中，其实对他的小肌肉还有精细动作的发展都特别有好处，而且他的造型雕塑的能力就在玩面团的过程中可以有很大的发展。当然，如果你能买一点食用的颜料，就可以让他的玩面团变得更有趣更丰富，像图3-5这张照片，就是我们在一个中秋节带着很多孩子一起做的彩色月饼，大家可以从中看到，孩子们混合出来色彩都非常地漂亮。

▶ 图3-5 彩色月饼

怎么样？看完了是不是觉得好有趣，而且重要的是省

钱。所以每次厨房里只要有了什么新材料、新食材，你都可以跟娃一起去开动脑筋想一想，可不可以变成我们一起创作的材料。

举一反三，大家还可以再到卫生间找一找，有没有什么可以创作的材料，比如剃须泡、牙膏、口红或者是其他的什么东西，是不是可以跟娃一起玩起来，用这些做点什么？

参与过家庭美育必修课、实验课的妈妈，她们在家里就能跟孩子玩得不亦乐乎。一位叫小花的妈妈分享说，在给孩子剪指甲的时候都是与孩子一起创作的小小机会，她们能把月牙形的小指甲摆成一个小花的图案，孩子会很安静地在那里等着小花瓣一瓣一瓣地从手指上给剪下来，然后跟妈妈一起把它们组成一个小花朵的图案，孩子再涂上颜色。

▶图 3-6 指甲小花

冉小花 第 14 天
2017-11-03 08:04

现在连剪指甲也和以前不同😂😂
剪完两个人的指甲，突然灵机一动，拿出来两个问他"妈妈的指甲和宝宝的指甲有什么不同呀？"
宝宝立刻说"妈妈的指甲大"，用蜡笔画指甲的形状给他看，他乐得哈哈笑，自己也试着画起来。
心不同了，生活便多了很多乐趣，好玩😊

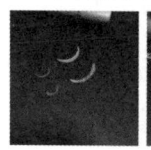

我只能说,我真的是太佩服大家了,各位妈妈实在是太有才了!

并不是说一种创意都可以适合所有的孩子,作为父母是最了解自己孩子的性格,也是最知道孩子能够接受什么样的方式,所以让艺术创作能够更自然地在我们的家中、在我们的身边随时发生,这才是最好的家庭美育。

▼图 3-7　玻璃上的雾气画

2017 年的寒假,我们去云南朋友刚开的民宿住了一阵子,一天早上出奇的安静,我起床看到,兄弟两个把客厅雾气满满的落地窗当作画布,用手指做笔,信手创作。看

我起床,他们兴奋地给我介绍这张顶天立地的巨幅创作。当阳光越过苍山穿过院子照过来,作品就自然消失掉,真是相当地有意味。

3. 从自然中发现创作的资源和灵感

梵·高也曾经以兄长的身份劝他在画廊工作的宅男弟弟提奥:"多出去走走,亲近大自然,因为这是真正能够更好地学习和理解艺术的方法。画家应该理解自然,然后再去热爱它,那么艺术也会教会我们如何去观察和欣赏。"

由此可见,自然和艺术密不可分,除了诸多自然带来的好处之外,美育最好的课堂也在自然当中。

话题回到现实,回想一下,你是用什么样的频率带孩子到大自然中玩,一周一次,一个月一次?

你跟孩子在大自然里玩些什么?

还记得大自然曾经带给你什么样的灵感?

并不是开车好几个小时到郊外才算是去自然中,在我们身边就有很多被忽略掉的自然环境。比如植物、蓝天,这些都是我们身边的自然,她从未远离。

有的父母带孩子到自然中,同样把很多在城市里生活的消费习惯带过去,好像我们到那里就是为了消费自然。

比如说去烧烤、搭个帐篷，遗憾的是，在享受自然之后却没有很好地去保护它，比如说乱扔垃圾、损坏树木花草，等等，都是缺乏和自然的"相处之道"。

当我们带着美好的理念去亲近自然，但这类的行为之下是没有办法去影响孩子要保护自然，也无法影响孩子该怎样跟自然建立联系、与自然和谐相处，更别提去发现自然的美好，想来还是挺遗憾的。

我们在城市里生活久了，有时候对孩子难免会有一点过度保护，比如说孩子在自然环境中摔个跤，破了一点点，或者是被蚊子、被小虫子咬了一个小小的包，家长都有点反应过度。在我看来，我们这些过度反应，过度的保护，就是在割裂孩子跟自然的情感联系。

现今都市孩子的精力不集中、近视、肥胖，以及一些心理问题等都和停留在人工建构的环境时间太长有关。这类的状况还有一个词叫作自然缺失症，虽然这不是一个医学领域的疾病定义，但也充分定义了现状，而这个"病症"的根本就是因为我们没有给孩子足够的与自然产生联结的机会。

我们到底应该怎样从自然中发现可以艺术创作的灵感和材料呢？方法真的太多太多了。

最常见的玩法就是玩树叶,这是自然中最多的东西了。大一点的孩子应该引导他们更多地去观察树叶。

观察自然有很多种方法,比如,你可以把树叶剪成一半,然后把这一半的叶子粘在一张白纸上,让孩子把这个树叶的另一半画出来,而且不仅要把轮廓画出来,还要把叶脉画出来,因为他要详细地把对称的叶脉画出来,他就必须很仔细地看手中的这半片树叶到底是什么样子的。

▶图 3-8　画叶脉

还有另外的方法,就是用自然印染的方法,比如,找一块白色的手帕,然后把你喜欢的形状,最好是不同颜色

的树叶拿过来，用一个橡皮锤之类比较重的东西使劲敲，这样，就会把树叶本身的颜色和形状印在了手帕上。我曾与我的孩子一起在云南参加自然冬令营的时候做过，他特别珍惜用自然印染法做的这块手帕，一直用着。

再小一点的孩子就有很多的玩法，树叶的形状非常多，他们可以用不同形状的树叶组成动物之类的图案，相信大家也看到过很多，有这样的一些创作小方法的分享。

在玩的时候最关键的是让孩子跟你一起动手，而不是你在那边按照"说明"去摆一个一个固定的造型，让孩子一步步跟你或是跟手工课程学，这是目前很多幼儿园手工课的方式。

我觉得孩子以他们自己的角度，能观察到树叶有什么不同的形状，可以有一些什么样不同的组合，我们成年人没有必要去限制他的想象。

比如像小石子，孩子们是可以将它们像拼贴画、马赛克那样的方式拼在一个硬纸板上，然后用胶把它们粘在上面，同时还可以继续涂颜色画画，这都是很自由的一些创作方法，因为自然里的很多材料，性质上更是一种开放性的材料，也就是说没有一个唯一的使用方法，孩子们在探索中会发现更新鲜、更有趣的玩法。

在自然中，可以利用光影来做很多的创作。光影照在地上，比如说有书的轮廓或者有石头的轮廓，有其他自然界中各种各样的轮廓，都可以利用起来画出来，这些都是很自由的一些创作的方法。如果没有自己亲自做过的话，可能会觉得挺麻烦，第一步只要开始就好。

之前组织很多邻居的妈妈还有小朋友，到小区附近的小公园玩耍。这个小公园就是我们每天匆匆忙忙去上学、去上班，有的时候抄近路会路过的公园，平时大家都是匆匆忙忙地走过了，没有仔细地去看。

而那天我们是第一次正经八百地到那里，到这个特别司空见惯的地方去玩耍。其中有一个环节就是发现这个公园里有多少颜色，都有哪些颜色。刚开始孩子们跟妈妈都能说出颜色，这公园里不就是绿色嘛，树啊、草啊全是绿的。然后他们就去找，慢慢地每一个人都像捧着珍宝一样捧来一堆东西说我发现了六种颜色，我发现了八种颜色，然后越来越多。

从这个经历中你会发现只要用心地去观察、去发现，自然中，哪怕就是身边小小的不起眼的公园，都会发现有无穷无尽的宝藏和丰富的色彩，还有可以用来创作的材料，会带给你源源不绝的灵感。

▼图 3-9 发现自然的颜色

如果我们想跟孩子更持续地接近自然、发现自然的美，也可以借鉴一个自然教育界里叫作自然笔记的方法。这并不是说让孩子记下大段大段的笔记以及天气自然的变化，而是我们可以用画笔记录，哪怕你每天只看一眼天空的颜色，因为每天天空的颜色可能都是不同的，你用画笔把它记录下来，或者，看到家里的一株植物，每天记录下这个植物的变化，用颜色、用绘画的方式积累下来，如此孩子们的观察力和感受力都会有很大的提高。

我自己的两个孩子都说自己是自然之子，因为他们参加了好多自然教育的活动，比如冬令营、夏令营，还有生态建造课。我们有一次在一个生态农场里，见到一个可以烤比萨的烤炉，就是用砖头和黄泥做起来的。所以在这个过程当中,孩子们特别喜欢到大自然中,同时在大自然里做点什么事。

▶图 3-10 九虫图

这张照片是我家的小儿子 2017 年去了一个我们常去的自然营地。拍照那天他们有一个小任务,就是在这个小小的生态农场里去探索,每一个人要找出九种不同的虫子来。果然他真的就在这么小的农场里找出了九种虫子,每个虫子的头、眼睛、腿和脚形态都不一样,而且他每一个都能刻画得非常生动,都能把它们的特点给画出来。

孩子们特别需要亲身的生活经验和体验,自然是最能够滋养他们,能激发他们的灵感,给他们提供丰富的养料。

如果有条件的话,经常带孩子到自然中是最好的。假如没有那么多的时间和机会,我们就去努力发现和挖掘身边的自然,用心地去体验。至少我们可以做到在家里养些植物,因为美的教育可以从照顾生命开始。

一次很偶然的机会,我找到了北京郊外的一个院子,在暑假的时候和孩子们在那里住了两个星期,他们就跟我说:"我们再也不想回到城里了,我们就想亲近自然,我们想住在这里。"现在我们真的就住在这里了。我们每天早上会被家里养的小公鸡给叫醒,比闹钟还管用。

▼图 3-11 小菜农

夏季的一天,我说我要去超市买点菜,他们就跟我说,不用去超市,咱们到院子里摘点菜就可以了,那都是很新鲜的味道。每当早上我送他们上学的时候,我会选一条沿着河边的小路走,每次都可以看着太阳在河的对岸慢慢地升起。这条河堤路的两旁都有参天大树,一年四季早上景色都美得摄人心魄。

▼图 3-12 冬天的早上

我清晰地感觉到在我们的基因里有些成分让我们不断地去亲近自然,而这样的生活仿佛是会产生多巴胺奖励我们的,所以我们住在乡下觉得比住在城里还要适应。

4. 随时获得创作支持的几个原则

生活里处处都有创作的主题和素材，创作不仅仅发生在艺术的课堂上，而是随时随地都可以获得灵感和材料的。通过我家哥哥、弟弟的作品来大致总结一下几个的原则。

第一，你不要放过任何可以给你带来灵感的人和事物。

我的两个孩子在转学第一天的时候，他们在校长办公室里跟校长聊天，校长问他们喜欢什么？他们说，喜欢画画，之后校长发给他们每人一张纸，两个孩子分别给校长画了一幅肖像，从画中看到，大胡子校长的样子还挺可怕的，其实他是非常的亲切。如果有人愿意给你当模特，愿意让你去画，那我们可以毫不客气地想画就画。

▶ 图 3-13　姥姥的画像

家人的模特资源当然更要好好地利用起来，就像我常在孩子们做作业、看书、睡觉的时候把他们当模特一样。

在办公室里也可以有灵感的发生。

▶图3-14 漂亮的小姐姐

这张照片就是我家小儿子到我办公室里给我的一个年轻同事画的肖像，同事看了特别开心，感觉画得很可爱。因为弟弟在画画的时候还经常会提前问模特的意愿，你想画一张大脸、中脸还是小脸，说明这是可以定制的。

▶图 3-15 高科技飞行器

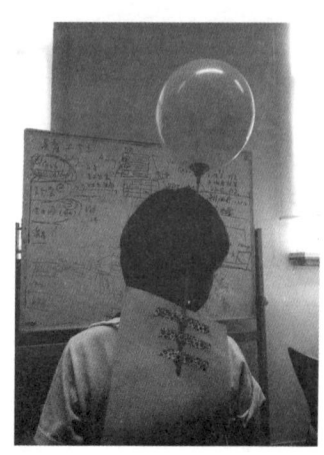

这张照片就是小儿子在办公室百无聊赖时发现了一些材料，然后自己便做了一个飞行器，挺高科技的，反正我是没太看明白，但是他玩得特别开心。

第二，鼓励孩子自发性地去创作。

▶图 3-16 打磨拖拉机

大家看到的图3-16这个照片,就是我家院子里的拖拉机,搬家的时候专门跟房东老爷爷交换的,他还特别不解为啥要留下这样一个老古董,城里的朋友看到了都好新奇,上面常常挤满七八个孩子,相当地拉风。

有一天,我大儿子把我很久以前就想说的一句话说了出来,他说,他要把这个拖拉机重新改装一下,作为他的一个创作项目,他便拿着一张砂纸在外面不断地打磨上面的锈迹,因为风吹日晒的老拖拉机上锈迹斑斑。

后来,他又说,这可以是一个集体创作项目,邀请村子里的小伙伴们一起来帮他把拖拉机上面的锈来打磨掉,然后他们再设计出特别炫酷拉风的图案画上去。

尽管到现在为止这个项目还没有执行下去,天气就冷了,但孩子这种自发性的创作是值得鼓励的,虽说看上去这事他一个人来做似乎有点会力不从心,可他想到了可以把它变成一个集体的项目,我觉得要遵循他这个变化和发展的整体设想,最后做成了当然好,但鼓励孩子有自发性的想法,留一点时间和空间看他思路的迭代也会对他有更深入的了解。

第三,因地制宜选择材料。

我们搬家的时候,家里有很多搬家用的纸箱,开始的时候想一下子都处理掉,但孩子们说要留着,把这些材料留下来之后,我的大儿子就用这些材料给自己做了一个个类似变形金刚的机器人装备。

我们一起讨论该怎样打开盖子,人可以钻进去,又不被损坏,还有哪些东西可以用来装饰,之后他又把一个霸天虎的标志贴在上面,他说这是一个邪恶的机器人。

▶图 3-17 变形金刚装置

有很多次他的姥姥都差点把这堆东西当作垃圾扔掉,我不断劝阻说,这是一个进行中的艺术创作项目,我们应该把它保留下来,所以这个装置至今还在继续进行当中。

再有一点就是,如果孩子们的艺术创作是更有实用价值的话,那便更有意义,也会让孩子更有信心。

▶图 3-18　集体秋播

这张照片是我们在秋播，那天家里来了很多的小朋友，搬到乡下才知道，其实北京的秋天是有更多的机会去播种的。我当时买了各种各样的蔬菜种子，然后邀请这些小朋友们一起到院子里种蔬菜。

那时我想把种子都种下去，万一都长出来呢，像我们这些初到乡下的人不太懂，到底长出来的是什么，该怎么种？我就邀请这些小朋友在种蔬菜之前一起来设计很多不同的标签，每个人负责播撒不同的种子，然后他要把这个标签设计出来，因此大家对这个项目都很有拥有感，小朋友们就特别开心地做了起来。这件事本身不只是玩，同时还是一件很有实用性的事情。

▶图 3-19　奇葩蔬菜标签

上面就是小朋友们做的标签，因为当时在设计标签的时候，我提出要求说，至少你要把蔬菜的名字写在上面，另外你还要把它的特点画出来，因为在每一个种子的包装上都有蔬菜的照片，所以他们设计得特别好。

还有些孩子把字体跟蔬菜最大的特点融合在了一起，比如，紫根韭菜，它的根部长了很多很长的根，让我感到最纳闷的还是津研七号，他们虽然把这个蔬菜的名字写下来了，但他们没有写它是黄瓜还是什么，然后画了一个酒瓶，咨询之后才知道，这的确是酒瓶形的黄瓜，它的名字就是很高科技的津研七号。所以很多的艺术材料、很多的创作想法其实就在我们身边。

5. 准备一个艺术应急包

这种说走就走,说来就来的创作,作为家长到底该怎样应对呢?我有一个称为艺术应急包的概念,就是把常用的艺术创作的材料笔、纸、剪刀、胶棒,或者根据孩子的年龄、性别以及喜好,做观察和选择,然后把这些东西打包做一个基础材料包,这就是艺术应急包。

这样无论我们在自然中或者在路上,当孩子们有了想法的时候就可以立刻开始创作。

举个例子,像我小儿子的这个年龄,艺术材料包里一定会有一盒水彩笔,颜色不需要特别多,不超过十二种颜色就可以。另外还有速写本,随时带着它,如果有时间的话我还会放个胶棒、儿童专用的小剪刀和彩色纸,这样能让他的很多创作立体起来。

在我们一起去看演出时,入场券可以贴在自己的本子上,当孩子在外面看到某些东西,有了灵感就可以马上画到彩色纸上。不仅如此他还可以把他画的东西剪下来,比如小汽车,剪下之后贴到本子上,这样就能使整个创作变得灵动起来。

还有一些方法,我们曾经一起玩过的拼贴画,在杂志上剪下很多不同类型的东西,都可以用来拼贴。比如用我们剪下来的各种衣服搭配到他们画的小人身上。

后来，在带他玩的过程中我发现，小儿子更喜欢钻石，索性我们就把时尚杂志上的钻石都剪下来，然后放在一个小袋子里面，分量超级"重"。

他在我们创作的时候慷慨地拿出钻石存货，给我们每人做了一个大钻戒，他做的大钻戒的方法是用彩色纸裁成小纸条，然后变成一个戒指圈，再把钻石贴在上面，这是多么好的创意，大家满载而归。

▶图 3-20

小儿子的大钻戒

每当外出时，你可以根据孩子的兴趣爱好，备齐材料放进艺术应急包里，这将会让你们整个旅程有更多的事情做，孩子们基于这些材料，可以生发更多不同的想法。

小结

让我们一起来回顾一下，这节课里我们都分享了些什么？

1. 在生活的角落中能找到更多艺术的资源

在家里我们一起到厨房里去看看有哪些材料。奇妙的蔬菜水果、柔软的面团，我们都可以用来进行艺术创作。在家里更多的地方去挖掘，看看还有哪些材料可以用，不要错过哦。

2. 一起到你身边的自然中去找找材料和灵感

大自然中的树叶、树枝、石子都可以用来进行创作，没有任何限制。自然的话题、植物的生长，都是极好的创作主题。

3. 实现随时随地创作的几个原则

不要放过任何给你带来灵感、愿意当模特的人；鼓励孩子自主生发出来的艺术创作项目；因地制宜地选材；准备个艺术应急包，灵感来临绝不错过。

家庭实践

又到了留作业的时间了,这是我最高兴的时刻。大家准备好了吗?

练习一:发现创作新材料

在你的家里,或在自然中去找一样或几样之前没有用来做过创作的材料,最好是全新的,你从未用过甚至从未想过也可以创作的那种。挖掘到材料之后,和孩子一起来商讨如何使用、如何创作。

在"寻宝"过程中考虑以下几个原则:

一是容易得到的材料,尽量不用额外购买;

二是孩子感兴趣并可以安全使用的;

三是要突破你的思维的舒适圈,跳出日常的限制,不要被这个材料日常的功能所限制;

四是你可以参考一下不同艺术家的作品,看看是不是给你带来启发。

练习二：准备艺术应急包

根据孩子的年龄和兴趣以及你对他的了解，准备一个适合他的艺术应急包。准备好之后，你会发现这个应急包可以帮到大忙！

在准备应急包的时候也有以下几个原则，你可以来思考。

一是要考虑自己孩子的年龄、性别、能力和兴趣；

二是是否方便携带，你如何去准备，完成的作品如何携带，应急包占据多大的位置；

三是应急包里准备的物品能否激发孩子更多的创作和想法；

四是要跟孩子一起来设计和准备应急包，使用的时候他也会更感兴趣，父母可以额外放几样给他带来惊喜的物品。

有机会的话把准备应急包的过程记录下来反馈发给我，让我知道你是如何准备的，你有什么样的想法，还有在使用的过程中是不是真的激发了孩子更多的灵感，是不是很好用？

还有，你有哪些想法来不断地改进它？

好期待看到大家这次的作业啊！

第四课　发掘潜能：发现父母的艺术潜能

　　小学之后再没画过画？上一幅涂鸦还在教科书空白处？

　　艺术能力停留在几岁？为什么父母对于艺术教育如此不自信？

　　我不会？我没学过？我没有天分？

　　什么样的魔咒在束缚着你？

　　一步一步打破束缚，走出舒适圈，挖掘自己的艺术潜能，你真的可以！

上节课讲了怎么样在自然和生活中发现源源不断的艺术创作的灵感和材料。我不知道你回到家里是不是各种翻箱倒柜地搜寻每个角落，把家里的宝藏挖掘出来，如果你跟孩子一起利用自然和生活的材料进行了创作，就赶紧把作业给抛过来吧。

我们每次留作业的目的并不是为了给大家找些事情来做，所谓的作业是一个长期累积的"引子"，开启家庭美育的行动，一旦你养成了习惯，那么你看待身边世界的角度就会大不相同，希望大家把做作业这件事情坚持下去，并且达到"享受"的状态。

这节课我要跟大家分享的主题是挖掘父母的艺术潜能。

也许大家会有想，作为父母养育孩子已经够辛苦了，画画和艺术创作似乎跟我没多大关系，我为什么还要去做？

1. 父母为什么要画画？

从我个人的角度来看，我们这样做有几个好处。

看到从前忽略的事物

首先当你看到很美、很喜欢的东西时，你就不再仅仅是把它拍下来，还可以把它画下来，在画的过程中对事物会有更深入的观察，你跟他的联系更紧密了。

就像大卫·霍克尼说的:"画了那些花草之后,我开始看到它们了。然而,如果仅仅是给他们拍个照,那就不会像画画那样专注地看,因此它也不会对你有这么大的影响。"每年手机拍下上万张照片,其实都没有专心画点画看得更清楚。

给大家秀一下,来,晒晒我的作品。

▶图 4-1　正午的郁金香

图 4-1 这张照片是一天中午我在家里突然发现郁金香原来在阳光的照射下是可以绽放得这样的美丽,与我们平时印象中郁金香的形状是完全不同的,花瓣晶莹剔透闪着空灵的光,心中一动,就很想把它给画下来。

▶图 4-2　郁金香写生

图 4-2 是就当时的写生，在这个过程中一定要非常仔细地观察郁金香，无论写生水平如何，内心充盈的满足感和喜悦感真的与咔嚓一下拍张照片是完全不可同日而语的。

2. 父母画画带动孩子创作

父母在家里画画或进行一点艺术创作，还可以潜移默化地去影响到孩子。

继续现身说法，这几年，我花了大量的时间在家里练习中国的水墨画。在画山水的时候，有一种笔法叫作皴，斧劈皴、披麻皴、拖泥带水皴等，很多种不同的皴法。

▶图 4-3 小儿子在皴

在我画画的同时,孩子一旁很关注我在做什么,我就顺便告诉他,"你看中国画里画山水有这种皴的方式,这样这样"。如果我正式地去"教"他,他未必会认真学,但听我这样随意地说完,孩子却不经意地接收到了。

他觉得自己很是懂得了,他说,这种皴的方法没什么呀,之后他就拿起笔来在纸上嚓嚓嚓地开始皴起来,皴得特别带劲。我觉得这比突然间给他送到一个教国画的老师那里,用一种很传统的方式学中国画要有趣得多,因为我们作为父母对孩子的影响力其实还是蛮大的。当然我也有烦恼,就是他常常要来"指点"一下我的皴法。

3. 通过艺术与孩子交流和陪伴

再有一个一起画画的好处就是交流功能。对孩子来说,他的语言能力还在发展当中,有的时候不知道用语言怎么表达出来,那就把它画出来。

还有在家里画画,其实还是一个挺好的陪伴孩子的方式。比如说在他们写作业的时候,我就在旁边把他写作业的姿态画出来做个速写。

▼图 4-4　写作业的娃

大家看到的这张照片（现在我都有点看不出来是哥哥还是弟弟，他俩长得太像了），这画画的就是他们写作业时的样子，可能是因为我在陪作业的过程中态度没有达到他们满意的那种程度，所以他们就用画画来跟我交流，把他们的不满表达出来。

▶图 4-5　吼作业的妈妈

大家看到的图 4-5 中一个非常凶悍的女人，就是孩子们画的写生，这就是他们画的我的样子。当然大家知道我原本并不是那个样子的，从中我看到了他们的不满，所以我也要在陪作业的过程中改进自己的态度。

4. 打破艺术零基础父母的几个魔咒

我知道在我们成长的过程中,如果小的时候没有冒出那种特别明显的艺术创作天分的苗头,老师和家长基本都会泼冷水,什么"你画得没有谁谁谁家的那谁谁画得好。你就算了吧,你以后也不走这条路,你就别画了"。

从此以后,画画就慢慢地跟我们割裂了开来。

这些年在我们组织的很多家庭美育的活动中,我听到最多一句话就是"我不会"。本来还在旁边为孩子的创作出谋划策"加点红的、加点蓝的、加点绿的",父母一听自己也要参加,就赶紧条件反射一般地说出这句话。

既然我们要发掘父母的艺术潜能,我们要做的第一件事就是打破我不会的魔咒。

家长为什么觉得"不会"?

先来做个测试,看你到底是哪种情况。

如果作为父母的你也说过"我不会"的话,是属于哪种情况呢?

A. 我画得不好,不该画

B. 我画得不好,太没面子了

C. 我不应该给孩子画,会干扰到他

D. 我画得太好了,孩子会有压力

E. 其他

不知道你是不是也下意识地讲过这样的反应，现在是个机会，你可以好好地想一想，自己是出于什么样的原因说出来"我不会"，你是真的不会吗？你是真的不会吗？

有一天我在我的一个大学新闻专业同学的朋友圈里看到她发了一张自己画的画，我点了赞之后她还跟我说，她从来没有想过自己还能画出这样的画来，因为上了小学之后就再也没动笔画过画。但是由于他家里的宝宝最近很喜欢看西游记，每天都在看，特别喜欢那本书上的插图。他就跟妈妈说："你把这张帮我画下来。"就这样软硬兼施下她就动手把它画了出来，其实效果还挺不错的。虽然可能对专业的人士来说算不得什么，但是对她来说真的是实在太惊讶了，自己竟然还有这样的能力！

这些年来在我接触的妈妈里，有一位妈妈的哭诉让我印象特别深刻，她说记得特别清楚，大概从五岁开始就被剥夺了画画的权利，因为所有人都嘲笑她，说她画得不好。但是偏偏这么多年了，她就一直有一个愿望，特别想自己去学画画，但是一直没有机会实践。

养了孩子之后，她一直在找艺术创作、艺术教育、美育各种各样的机会，希望能把自己未竟的心愿在孩子身上得以实现。

既然大家在开发艺术潜能的这条路上都有过曲折的经历,我特别想问问大家:

你觉得自己有艺术潜能吗?

有,还是没有?

如果你觉得还有那么一点的话,那第二个问题来了:

你做过任何的尝试和努力去发掘自己的艺术潜能吗?

发掘过还是没有?或者是实在不知道该怎么做。

怎么样,是不是感觉问题有点越来越严峻了。

我不知道大家就这个领域有没有这样叩问过自己,在我做家庭美育的过程中,有很多的父母给自己找的借口都是我没有艺术天分。

真的是这样吗?在我作为一个素人玩艺术做创作的摸索过程中,我觉得我们其实是被几个思维误区给耽误了。

第一个思维误区就是:我没有天分。

我要告诉大家,画画这件事情跟阅读一样,只要不是在生理、身体机能层面有障碍,每个人都可以学会画画。因为我们的目的不是成为一个艺术大师,我们是要学会画画这件事。

它就跟阅读一样,不管天资如何,早一点晚一点这个孩子还是能学会阅读的,对吧?并且经过适当的引导他也会爱上阅读，而绘画跟阅读是完全一样的道理，后面会有详细的解释。

第二个思维误区就是：只有美术专业的才画画。

这个误区真的是根深蒂固，我在美国生活时经常去看各种的展览，大的小的各种联展，只要有或者顺便路过就去看看。我发现很多艺术家在介绍里就很自然地写着，"self taught"，即自学成才。因为这个词不断地出现，在很多联展里我大概数了数有三分之一，甚至有的是一半以上都是自学成才的艺术家，挺骄傲的，就在自己的名字后面标明是 self taught——自学成才。

一定要美术专业出身才能画画当艺术家吗？当然不是了，那么多如雷贯耳的大师，他们也都是自学成才的。

▶图 4-6　艺术家亨利·卢梭

卢梭，本职是一名海关工作人员。

▶图 4-7　艺术家弗里达·卡罗

弗里达，从小就多病，同时还经历了各种手术，根本没有机会去学画画，尽管如此都不能够阻碍他们在艺术上的自学和探索，并且在艺术上取得了成就。

我之前在美国工作生活的时候，经常在周末会有朋友邀请我去看展览，看后发现，有个明明是设计师开小设计公司的朋友，他的作品竟然在这个联展上展出，以一个艺术家的身份参展。特别有意思，我还记得很清楚，他因女朋友拿了工作 offer 去了另外的城市而伤心，在联展上他展出了自己的作品以表达他的伤心，特别生动。因为他是做室内设计的，他就在自己的作品里装了一闪一闪的小灯泡之类的装置，之后他还讲述了其中的寓意，说那是飞行中飞机上的灯之类的。

不是一定要科班出身才能做艺术，每一个人都有机会，只要你想就可以像模像样地创造点什么。

第三个思维误区，根深蒂固的，一定要经过艰苦的训练，一定要从素描开始。

这件事情可能在美术圈、艺术圈内有很多的见解和看法，在这里就不讲太多。总之它有一定的历史原因和人为原因，所以才造成了在我们的教育体制里、在这个体系里大家都有这样根深蒂固的理念。

到了儿童教育的部分就变成了"认为这孩子有天分送他学艺术去，那么就先从素描开始吧"，就此一下子把一个孩子送上了万劫不复的很痛苦的学习艺术的征程。

我们没有必要把小小的孩子送到美术班里，从画石膏像开始。对我们成年人来说，我们要开发自己的艺术潜能，当然也没必要走那样的一条路，更重要的是让画画成为日常生活中很重要的、很开心的、很愉悦的事情，这才是正事。

认清这三个误区，我没有天分，我不是科班出身，一定要经过艰苦卓绝的训练。

在粉碎了这三个绊脚石之后，我们就可以很坚定、很有信心地说,我也可以学会画画。

5. 就是画不像是怎么回事?

▼图 4-8-1　妈妈自画像 1　　▼图 4-8-2　妈妈自画像 2

我们先来看图 4-8,这是几位参加家庭美育必修课实验课的妈妈在完全没有艺术学习背景的情况下画的自画像。怎么样?

有人说,这几位妈妈画的自画像有点像小朋友画的,第二幅自画像的妈妈画得很享受,自嘲说:"感觉画得像别人。"其实我觉得画得还挺可爱的。

我在"妈妈美育研习营"的课程里面也发现,如果真正完全没有基础的妈妈,在刚刚开始动笔画画的时候常常会同步留言"画得不好""画得不像""力不从心",其实大家不知道，如果把精力放在"自我否定"上太多，也是会消耗能量、影响绘画效果的。

问题来了，你觉得我们成年人没有经过系统的训练和学习，我们的绘画能力是停留在几岁？三岁、五岁、七岁，还是十岁、十五岁？

这个问题曾问过很多朋友，这几年我听到最绝望的答案是——零岁，也就是说自己完全没有绘画能力。

我还就此专门写过一篇文章，也在《生命合伙人》一书里阐释过。其实据我的观察，就是普通的一个成年人，如果没有经过更多的训练和提升，基本上绘画的能力会停留在自己九岁和十岁的水平。从这一点来看，很多参与家庭美育课程妈妈的绘画水平其实已经高于普通水平很多啦。

为什么停留在九岁、十岁呢？还要回到儿童艺术发展规律。因为在更小的时候，哪怕没有更多的指导，孩子也会很自发性地做出很多的创作，并且对自己的创作结果挺满意，从而就会不断地练习和精进。

到了九岁、十岁的时候，进入了一个比较写实的阶段，也就是说他对画的像就自然而然地有了一个很高的标准，假如到了这个阶段，他又无法达到自己所设立的标准，就会放弃，这就是在教育里所谓的"四年级大滑坡"的概念。

而在艺术领域里如果没有适当的引导、鼓励以及正确的艺术教育的参与，很可能孩子便会就此就搁笔停滞不前了。

前面我也说过，大家要多了解一些儿童艺术教育的发展规律，只有这样，你才能理解一个创作灵感爆棚的孩子到了九岁、十岁的时候，为什么突然间会怀疑自己的作品，这就是因为他在这个年龄对自己画画的标准有所提高。对这个话题想了解更多可以去参看《生命合伙人——美育从妈妈开始》第110页的内容。

总之，你自己可以回想一下，是不是你的艺术能力还停留在小学四年级的水准？现在让我们把你湮没了很多年的艺术才华找回来！

至此我们将面临的第一个问题就是：我画得不像。

很多人对绘画的恐惧基本来源于此。

其实很简单，为什么画得不像，就是因为你受到了符号体系的控制。我们每个人从孩提时代起就在不断地形成自己的一套符号体系，那些不当的引导是会加剧这种符号体系对我们的控制，蒙蔽我们的视线，阻碍我们的信心。

举个例子，我们每个人都会画星星，不管是画四角的还是五角的，每个人基本上都有可能画出这样的星星。但是有人真的见过这个形状的星星吗？

星星的形状其实就是根深蒂固地嵌入我们头脑里的一个符号。

我有个邻居,她的孩子三岁多,隔一段时间就会带着小朋友来我们家玩,那个孩子就很喜欢画画,好像有点条件反射,一到我家,他都知道纸和笔在哪儿,自己拿出来就画。

这个孩子的妈妈就说,这段时间他只画公共汽车,而且好像每一张纸上都画得差不多一样。过了几个星期再来我家就说,孩子这段时间只画红绿灯,好像每一次画得又差不太多,家里很快就画了厚厚的一沓。

这就是非常典型的每个人都会不自觉地经历的过程,孩子慢慢地形成自己的符号体系,也是他解读世界、投射世界的一个方式。他喜欢公共汽车,然后把这个符号打磨得差不多了,下一次再出门他又注意到了红绿灯,当他有了红绿灯的经验,回来就不断地画、不断地画,把红绿灯的符号又确定下来,放在他的符号体系里,然后又进入了下一轮、下一个符号的创作,就是这样的一个过程。

每个人终其一生都在下意识地、不同形式地组建和存储着自己的符号系统。儿童这些不断地练习对孩子的表达和操作的能力会有提升作用,但是人为强化的、高度概念化的符号体系会阻碍孩子观察真实事物特性和样貌的能力,磨灭了他的观察能力。

人为强化符号体系是什么意思呢？最直接的例子就是简笔画、涂色书。把这些当作艺术教育的工具用在我们的孩子身上固化了儿童的思维。一定要让孩子远离简笔画。否则，很多孩子学了简笔画，之后完全失去了自己的创造力。

我的孩子在幼儿园学过一个蜗牛的简笔画画法之后，好多年再画蜗牛永远是一个角度、一个样子，比如说没有蜗牛的背部、没有蜗牛的上部，所以这对孩子等于是人为地设置了一个障碍，把他和真实的世界割裂开来了。

为什么我们很难跳出符号体系对自己的控制和影响呢？因为在我们的教育、工作，还有社会整体的氛围当中，左脑思维是特别受到鼓励的。左脑思维是什么意思呢？简单来说，更多的是指一种思维模式，就是他对这种逻辑思维、命名都概念化、符号化了，用语言来表达是很受鼓励的，这方面做得好就会被评价说你智商还挺高的。

这样左脑模式慢慢地成了我们被鼓励的一个思维和思考的舒适区。

6. 激发右脑思维

我们成年人要画好画，根本不在于去临摹那些石膏什么的，最根本的是在于我们要走出我们左脑模式的舒适区，然后跳出符号体系对我们的影响，把我们的右脑思维的能力给激发出来。

真的有这么神吗？这是有证可寻的。在美国有一个大学美术老师叫贝蒂·艾德华，她出版过一系列的书，叫作《用右脑绘画》，这系列书里阐述的基本都是她如何激活右脑模式，放下偏见开始画画，纽约的一位妈妈朋友发现了这本书，她做了一点尝试，欣喜地跟我说真的有很不一样的体验。

jinnysan
最近在看一本书叫《Drawing on the right side of the brain/用右脑绘画》，教画画的。独特之处在于作者的理论观点：学画画其实是学如何"看"，我们的右脑有看到整体的能力，但是逻辑思考和语言中心的左脑总是会占上风。要学会画画需要学会如何开启右脑。她提议"没有艺术细胞"这种观点是错误的，因为我们的大脑是可塑的，不是固定的。这不就是几年前Dweck在她的《终身成长》这本书中讲到的成长性心态吗！这本右脑绘画书第一版出版在40年前。其中一个让左脑退出、右脑占上风的练习就是把画倒过来画。今天把自己关房间里花了一个半小时试画了一下毕加索的斯特拉文斯基，结果吓到自己。竟然画的还不错呢！继续努力开启我常年被遗忘的右脑😂

◀ 图 4-9　Jinnysan 的朋友圈

贝蒂·艾德华还根据她书中的理念组织过一系列的线下工作坊，大概用五天的时间同一个零基础的人画的画就可以有巨大的转变。

▼图 4-10-1 示意图   ▼图 4-10-2 示意图

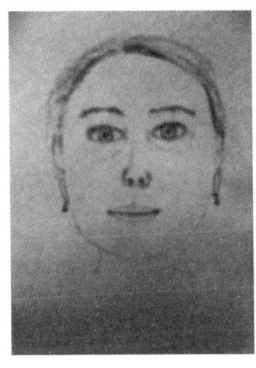

图 4-10-1 是看上去像一个小朋友的自画像,这是第一天零基础的成年学生给自己画的自画像,图 4-10-2 是五天之后,他给自己又画了一幅自画像,大家可以看到,两幅画像的对比真的是天壤之别。而且这不是个案。

▼图 4-11-1 示意图   ▼图 4-11-2 示意图

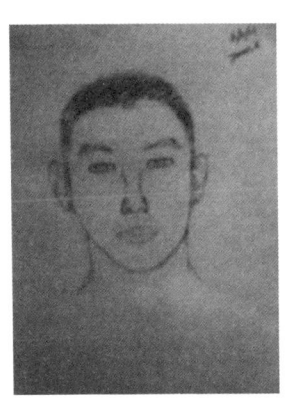
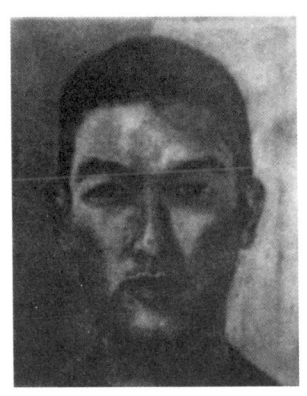

再来一组对比照片，图4-11-1是第一天的自画像，零基础大家水平都差不多，都是八九岁小朋友的水准，图4-11-2就是五天之后的变化。

为什么变化会有这么大呢？他们是不是参加了素描的训练了？显然不是，在这个工作坊里五天中也并没有教大家任何的素描技巧，也就是说技巧部分都是自己本来就掌握的。那工作坊里做什么？更多的是用一些方法帮助大家启动右脑思维，右脑思维的意思就是你更加开放、更加全面地用感受去感知事物、观察事物，也就是说一旦"看"的方式不一样了，手下呈现的就会大不同。

学习绘画需要比较基本的一些感知能力，比如，你对线条、阴影、空间、整体结构，还有它们之间的关系的感受力，如果方法对了并且能够真正切实地感知到，无论是用块、面画西方的绘画，还是用线条、网状构图中国画，不管用什么样的材料和方法，只要你画的最根本的能力有，没有什么特殊的障碍，就可以画好一幅画。

是不是有点越听越难了？那咱们现在就换换脑子，动手操作一下。我们一起来做两个左脑休克练习。大家千万不要被吓到啊，不是电击。这种练习就是说用某些方式把我们右脑不常用的功能快速地激发开来。

第一个练习叫倒画训练。贝蒂在书里说，她的工作坊里曾经有一个学生搞错了要求，他第一天没弄明白要倒画，所以他就把一张毕加索的作品正着临摹了一下，临得一塌糊涂，当第二天来到工作坊时他才搞明白原来是要倒着临，他当即就倒过来又临了一遍，结果倒着画的效果就非常好，见图4-12对比。

▶图 4-12 参考图示

这就是通过"不走寻常路"的方法把他的左脑功能屏蔽掉，把右脑功能激发开来。

我们也来试一试，图4-13这幅倒着的画面，是一个倒过来的水浒叶子中的白描人物形象。

▶图 4-13 参考图

拿出你手边的笔和纸,就这样倒着把它画下来,看看效果怎么样。

我们在正着画的时候很明显是左脑思维在主导,这是胳膊,这是腿,要画脚了,要画头了,而这些先入为主的概念对绘画没有多大帮助。倒着画的时候,我们改变了思维方式,右脑思维就开始启动了,我们需要更全面地去感知,这是线条,这是整体,局部是怎么样构成的,所以右脑的模式是这样的。

另外还有,如果你很投入地在观察,在画在临摹的这个过程当中,会进入一个叫作心流的状态。有很多艺术家画起画来废寝忘食,其实就是进入了这个状态。这个状态让人身心有极大的愉悦感,这特别像小朋友,哪怕在外面很投入地观察小虫子、观察蚂蚁搬家,也可以全神贯注一下午的这样的感觉。

怎么样,大家画的成果如何?左脑有没有不停地提醒你,"这条线是胳膊,那条线是腿"?忽略这些定义,关注线条,尽管画就是。

第二个练习:画掌纹。

这个练习我觉得特别有趣,道具就是你自己的手掌心,就是画一下自己的掌纹。

▶ 图 4-14 我的掌纹

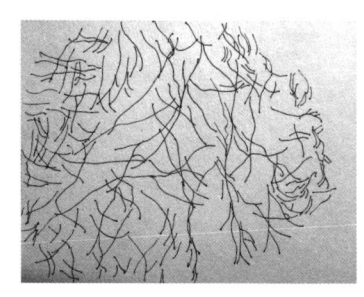

每个人的命运都在你的掌心里,充满感情地看看你掌心的每一个纹路,然后把它细细地画下来。

有两个注意事项:一是,画掌心的时候你要画所有的纹路;

二是画的时候不要看画面,就看手,边看边画,笔的移动速度和眼睛的动作要吻合。

你可以自己计时,比如说一分钟或者两分钟要不停地画,直到计时器响起。

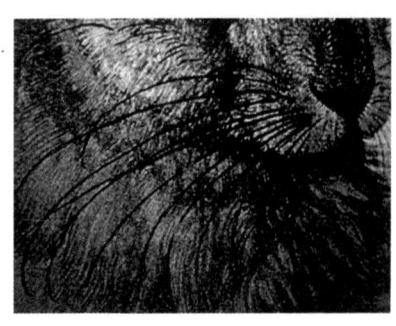

▶图 4-15 丢勒《兔子》局部

这个作品的局部来自丢勒画的《兔子》，每个线条和毛发都非常地清晰、非常地生动。

在我们刚刚练习开启右脑思维训练的时候，我们不要给自己设立太高的标准，在此过程中我们能够真正地感受到那种进入用右脑的方式去感受事物的状态，就像孩子一样全方位地接收的心灵。

我们就用孩子的那样的模式不受限地去观察和感受事物，全方位地感受，在这个过程当中，你就会收获非常大的愉悦感和幸福感。

孩子和父母都是艺术家，作为艺术家我们当然要开始创作艺术。那为什么我们画不好画？为什么我们对创作艺术有心理障碍呢？

总结一下前面的内容，是因为我们太多地受到符号体系的影响。因为平时我们是很受多用左脑思维的鼓励。左脑思维作为我们的舒适区，就更多地用符号体系来控制我们的画画行为。所以我们日常可以多做一些练习，去激活我们的右脑思维，努力跳脱符号体系对我们的控制。

另外我们要把画画变成我们的一个日常生活，一点点地练习、一点点地享受，对画画就会慢慢地积累信心了。

接下来特别想现身说法，跟大家聊一聊。

7. 怎样把画画变成我们的日常生活

每个人如果不去做职业艺术家，画画就是我们享受生活、记录生活的一个很重要的手段。有点像现在流行的手账，就是你想到了什么、你看到了什么、你生活里发生了什么，可以连写带画地把它记录下来。这就特别要用到我们小时候在教科书的空白处画小人儿，画各种内容的经验。

在写这节内容的时候，我翻到了十几年前一本怀孕日记。大儿子现在十一岁，那应该是十一年以前的怀孕日记，上面写的和画的很多内容，现在看起来就是非常宝贵的记忆，特别温馨。

当翻到其中一页时，真让我笑出声来了。怀孕的时候还在上班，一次在电梯里遇到一个同事，她像发现新大陆似的，旁边还有好几个人，她问我，难道孕妇也有牛仔裤可以穿吗？我当时觉得实在没有办法去当众告诉她这个玄机在哪里，然后就画了下来（图 4-16）。生过宝宝的妈妈一定都知道这个机关在哪里。孕妇的牛仔裤到底是什么样的？

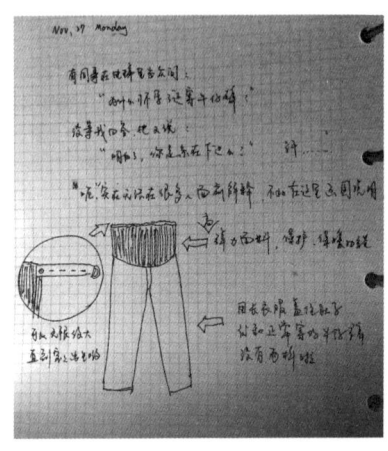

◀图 4-16　牛仔裤指南

洋洋洒洒竟然画了两大本，图 4-17 是我在另一本怀孕日记里的发现。这本上因为当时是做了 B 超发现有一个脐带绕颈的状况，心里很焦虑，怎样缓解呢？

▶图 4-17　读书人大宝

我就画了一个读书人的样子，因为我们给大儿子起了一个小名叫蝌蚪，我画了一个读书人蝌蚪，就像戴了一个很民国风的白围脖儿一样，希望他是个爱读书的孩子。

很多事情，你把它用画画这样的方式来表达一下，好像也会稍稍地缓解一下压力。

还没有出生的小朋友，每一个准妈妈都在想象他到底未来是个什么样子，我画了这个小画系列有巨星蝌蚪、有侦探蝌蚪、有泡温泉的蝌蚪，在孩子长大了之后我拿出来给他看，说这是你出生之前我想象的你的样子，他也觉得非常可爱。还有朋友夸张地说："他长得就是这样子啊，竟然还可以定制宝宝的长相！"

▶图 4-18　瓶贴设计

既然是现身说法,我就把自己更多的作品给大家看一看。比如图4-18,我们也可以重新"设计"一些日常的用品。比如一个酒瓶或是饮品的标签,你把自己喜欢的花或者是你喜欢的味道画在上面,这是挺有趣的一件事情。

还有像家里的小花、各种植物,还有孩子睡觉的状态,都可以画下来,生活当中到处都是可以画的素材。画得最多的应该就是孩子们熟睡的样子了。

◀图4-19 睡姿写生第N张

在自己画来画去地乱画了这么多年之后,前几年也开始稍微正式地跟几位著名的艺术家研习中国画,很是废寝忘食地画过一阵子。

▼图 4-20　临沈周东庄图册

　　图 4-20 是初学山水画时的临摹作品。自己不断地去尝试、去临摹研习，在整个过程中，我发现自己有两个显著的变化。一是随着自己绘画能力的提升，看待事物的眼光和方式更敏锐了，有很多平时会忽略的事情，现在好像联系更加紧密了，不经意间一些过去会忽略掉的事物现在却"扑面而来"，比如日出、植物、风景跟以往相比都有不一样的景象，并且能看到更多的细节。

　　二是看画的时候，与这个作品背后的艺术家更加亲近了。为了画好画这个目的引领我去更仔细地观察事物，到美术馆欣赏艺术，再看这些作品时角度跟以往又不一样。有点像从一位艺术家的角度去看另一位艺术家的作品，因为你动手操作过，你知道这样的线条、这样的颜色或者这样的布局，或许有什么样创作的想法和决策在背后。

父母学一点艺术，画点画，不是为了成为艺术家，而是为了可以放松精神、亲近艺术，同时彻底跳出被缺少/错误艺术教育耽搁的局限，为孩子创造更好的美和艺术的成长空间。

我在《家庭美育必修课》之后又开启了一个"家庭美育研习营"，用一年的时间，带着爸妈们一起通过画画这个线索把家庭美育的理念、实践融会贯通。

我知道这是一个有点奢侈的行动，为了孩子，父母都舍得投入，如果你要的是父母的时间，各路大忙人都忙得冠冕堂皇。可是对于艺术零基础的父母来说，要透彻了解家庭美育，通过这种方式反而是一条捷径。

教育理念的纸上谈兵已经太多，用画画静下心来，去体验艺术的喜悦，"自己玩耍，孩子受益"，现在就开始行动吧。

和一土家长学校一起组织过一次彩墨工作坊，活动结束后一位妈妈的一句话几乎让我泪如雨下。她说："孩子已经二年级了，本来想停掉她的艺术课外班，可是在这一次工作坊里，我体验到了艺术的巨大幸福感，我没有权力剥夺她的快乐……"

东奔西走呼喊家庭美育这件事，其实我讲再多都不如每位父母自己去切实体验，如此孩子们才可以受益。

如果你还没有体验过艺术的幸福，生命是有缺憾的。

要相信，你的身体里有一座沉寂已久的艺术小火山，是时候，唤醒它，你会被自己的才华吓到。

小结

明眼人能看得出，在这一课里，我一直不遗余力地鼓吹"零基础也可以画画"这件事。每个人独一无二，天分所在的领域各不相同，画画这件事的确每个人天然能力不同。但是对于大多数中国父母而言，很多人在小时候被隔绝了艺术创作，没有机会发掘自己的潜能。正因为如此，对于孩子的美育启蒙，就有一种执念"我不会，交给别人吧"。我们说孩子的学习要更多地体验，身体力行，其实越多了解教育理念、学习模式，就越会发现，成年人也莫不如此。和孩子一起画一点画，做一点创作，让我们更容易了解艺术如何发生，副产品或许就是，发现你被忽视已久的艺术天分小火山。

在这个美育必修课里我发现，这一课提交的"作业"数量明显比其他主题要少，大家的自信也一下子不见了。在后续的美育升级课程"妈妈美育研习营"里，我设计了通过绘画来深入了解美育的一年期进阶课，忐忑地带着零基础妈妈们从"重新发现自我"的"发现绘画天分"到实现自由表达的"万物皆可入画"。画画的目的和孩子们的艺术教育一样，目标并不是成为艺术家，以绘画为原点、为工具，开启新的看世界的方式。

家庭实践

是不是已经对自己很有信心啦？那就进入这节课的作业吧。

练习一：画轮廓画

也就是我们刚刚做的那两个左脑休克的小练习，其实也都是在画轮廓。

你可以找一些特别细，有很多细密线条的实物，比如说羽毛，羽毛上有很多很细的绒毛，你可以细细地把羽毛画出来。

另外你也可以自己去发明一个左脑休克疗法，用自己的方式把你右脑的能力激活。大家一定要记得在你做第一个作业的时候，仔细地体会自己有哪些变化。

如果你感知事物的方式有了变化，把它记录下来是最好的，把这种感觉留下来。

练习二：提高造型能力

当然这并不是让你去画石膏像，你可以先准备一个水果，梨子或者是苹果可能最适合。先用一张纸或者一支笔把这个水果的外形画下来，一笔画下来，看到什么就画什么。

然后摆换不同的角度，再去画它的轮廓。画完之后，奖励一下自己，你可以咬一口，这样的话它外形的轮廓又变化了，然后继续画，就这样你边画边吃。

这个训练是能够帮你更精准地观察事物的外形变化，可以潜移默化地提升你的造型能力。也希望大家以后就此改变你吃水果的方式，然后边吃边画，越来越好吃。

这节的作业就是这些，并没有期待一下子拿出一个很完整的作品，在这个重新"激活"的过程中每个人勇敢地晒出自己，互相分享自己的体会，就是对大家最大的启发和支持。

希望各位能够在艺术创作道路上、在画画的道路上继续精进，记得，我们如今已经一起打破了那几个魔咒。

实践案例

还是孩子更真实

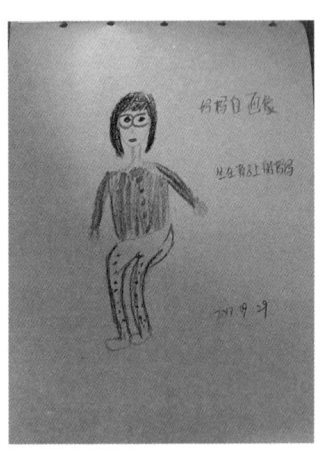 

妈妈坐在桌前画的自己,姐姐看到了也要画,看到妈妈用油画棒,她也要用。

之前让她画画基本都是记号笔画完再涂颜色。最近发现我用什么她就用什么,可是妈妈真是零基础啊,只能尽量选用各种材料来影响她。

姐姐画完说,这是她,扎着两个小辫子,穿着长长的裙子还有红色的高跟鞋,还涂了口红。长裙子和高跟鞋都是她的最爱,竟然都画在了画里,还是孩子比较真实。

第五课

自由游戏：创造更多的家庭艺术游戏

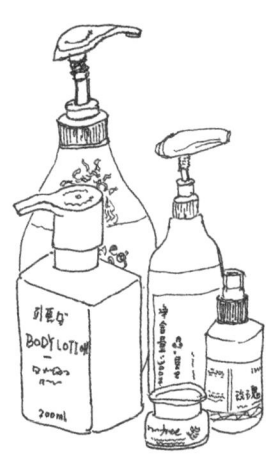

　　游戏是人类原始时代就已经自然开始的行为模式。

　　而进化到了今天的人类却越来越不会玩了。

　　从玩到艺术有多远？看似胡闹也是艺术吗？

　　每一次玩、每一次游戏都有内在的成长，会玩才是正经。

　　帮你厘清一个从玩到艺术的链条，理直气壮地以艺术的名义和娃玩起来！

第一课，我们试图从理念的层面给大家"洗洗脑"，让大家明白，我们的孩子是艺术家，我们自己也是艺术家，通过艺术这个通道去重新认识自己、认识自己的孩子。

第二课，打造一个鼓励创作的家庭环境，我们留的作业就是在家里要各种的空间腾挪，给我们的小艺术家打造一个他乐于创作、觉得舒服的、有灵感的环境。

第三课，我们一起去寻找，在自然里、在生活中都有哪些可以用来艺术创作的灵感、题材，还有材料，相信大家此后看待这些普通事物、看待生活细节的时候，都会去琢磨琢磨它可以用来做点什么创作、去鼓捣点什么。

第四课，大家一起去打破不会画的魔咒，重新挖掘自己的艺术潜能，唤醒沉寂的艺术天分。

这节课的主题是更多家庭艺术游戏玩不停。一定会很好玩。

1. 玩才是学，玩就是学

我最不喜欢的一句话是"玩中学"，因为这听上去就是一个做教育的以"玩"作为一个小小的诱饵和甜头，然后吸引孩子去上这个学的圈套。玩和学不应该是这样一个有点对立的关系，它们其实更融洽，甚至对孩子而言这是一回事才好玩。

小小孩子的身体里是有一个探测器，如果这很无聊，这便成了我们大人定义的一件事，玩如果只是一个甜头，他很快就会识破你的诡计，是你处心积虑地想让他去做什么。我是从我家的大儿子身上得到这个"痛心"的教训的。

他就好像内置了一个探测器，你稍微有一点点教育的苗头出来，一点点教育的腔调出来，他就会一下子识别出来，甚至到后来你丢给他一点点玩的甜头，他会警觉到你是不是有什么教育的目的，或者让他做什么。

所以面对这类孩子的训练，斗智斗勇之后，我觉得应该把美和艺术的教育这件事情变得好玩起来，让他们主动地参与进来，让孩子感觉他们才是玩（学）的主人。

我先来问个问题，你觉得自己是一个会玩的人吗？

A. 是　B. 不是

你是哪一种呢？

2. 你是会玩的大人吗？

我自己以前就是一个特别不会玩的人，就好像是在一个轨道上面不断地往前走往前走，然后持续推动到根本停不下来。工作、学习、创业，反正各种各样的事情，一直感觉自己的方向好像是对的，足够努力就行，但忙碌过后又好像有点问题，成就带来的短暂快乐很容易被新的焦虑占领。

和很多人一样，有了孩子之后，轨迹强行改变，速度紧急刹车，我才改变了之前已经形成习惯的每天列出密密麻麻的时间表，慢慢地我也知道该停下来去看、去探索、去观察、去玩。

其实这是一个特别好的存在的方式，玩简直太重要了。我们很多成年人不太会玩，他们只跟孩子一起玩。为什么会这样呢？

我觉得，在很多人的成长过程和生活经验中，缺少跟孩子打交道的机会。因为现在有很多独生子女的家长，在他们的成长过程中，缺少跟同伴、跟小孩子的互动，身边又没有做了父母的表兄、表姐之类，可以带着小侄子、外甥女玩耍。这样下来人生中储存的和小孩子相处的经验就少得可怜。

假如你身边有个姐姐，刚好她又有个孩子，你亲眼看到了这个孩子的成长过程，同时你又与这个孩子在不同的成长阶段有过互动，亲力亲为地照顾过他，那你对孩子的经验就是不一样的。

当然缺乏经验也没有关系，我们这一代的父母是特别愿意学习的，所以我们就看了各种各样的不管是国产的还是舶来的教育理论。但是看多了就有另外的问题出现，好像越看越焦虑、越看越晕，为什么会这样呢？

因为这样阅读/听来的很多经验，大部分或者说全部是二手经验，或者高度理论化的一般性经验。每个孩子又都是独一无二的，你没有办法把学到的理论全部直接套用在自己的孩子身上。这些独一无二的孩子，又不会完全地适用于某一种理论。我们就越来越不会和孩子相处和玩了，就这样一步一步走到了今天。

既然看过很多道理，也过不好一生，学了很多育儿的理论，也越来越焦虑，那我们现在就从玩开始，一步一步地梳理出应该怎样跟孩子一起玩才会更开心、更亲密。

这个与美育和艺术有什么关系？关系太大了，听我慢慢道来。这节课，我想从几个概念跟大家一步一步地梳理起来。

3. 从玩到艺术创作的创造力螺旋

第一个概念就是玩，接下来是艺术游戏、艺术实验、一直到实验艺术，借用这几个概念来帮我们梳理清楚一个思路，可以想象成一个不断上升的螺旋。

当然也可以据此理直气壮、气壮山河地玩，开开心心地很高级地来做你的家庭艺术创作,在一片儿童创作的歪歪斜斜中依然保有高大上的感觉。

No.1 玩

先来说说玩这件事,这又要提到我的孩子,之前说到他们的学校有个叫 UFO 大坑的奇葩玩耍空间,大坑旁边还有一个沙坑,他刚去的时候,真的特别开心,每天有空就到这个沙坑里刨啊、挖啊、玩的,有时还把老师留的功课和任务都给忘了。

老师是这样跟我说的:"我问他,你为什么没有完成作业呢?他就特别诚实、特别认真地告诉我,我要玩!"对,就是这样的一个孩子,玩对他来说永远排序第一。

孩子在不同的年龄,玩的方式、玩的内容都不一样。相信各位妈妈也都看到了孩子在不同阶段突飞猛进的表现。其实在孩子玩的过程中,他各种能力都在快速发展。为什么说这个"玩中学"就是一个伪命题,一个伪教育者才会说的一句话,因为玩就等于孩子的生活,就等于孩子的学习。

如果说玩就是孩子的生活形态,那么我就想问问大家:

你们每天跟孩子在一起都玩些什么呢?

再具体点,你昨天跟孩子玩什么了?

分享一下我们家里昨天跟孩子玩的一个内容,我们每个人之间轮流扮演一个叫作故事点读机器人角色。作为主人,你可以去调试这个机器人,到您喜欢的一个频道就把它停下来,然后这个机器人就开始持续不断地播送故事。

故事点读机器人特别高科技,全名叫作"高科技人肉故事点读机器人"。昨天最受欢迎的一个故事,就是我们家的狗狗,它叫嗝嗝,打嗝的嗝,这个故事叫作《嗝嗝大作战大冒险》,你得调试这个机器人的频道,调频按钮要自己找,到这个频道之后,机器人就要开始播放,而且要自己来配乐,还要偶尔信号不好发出一种有信号干扰的声音,所以这是一个有多功能可以解决问题的机器人。当时是我们临时想出来的一个玩法,结果玩了一晚上,大家特别地开心,互相点播。

在玩的过程中,如果逐渐多了那么一点点的规则,我们可以把它再上升到一个层面,这就叫作游戏,它可以容纳更多的人按照一定的规则玩下去。

No.2 **游戏**

有人说,游戏是可以带来显而易见的心流的体验,孩子喜欢玩游戏,在这个过程当中他体验到了极大的幸福感,在这个过程中他和同伴共同学习遵守规则,不是被迫的,而是用这种主动的方式去习得各种各样的能力。

在游戏当中,孩子把他自己真实的经验跟一些幻想的世界结合起来,特别有意思,如果你很深入地去观察,你会看到很多平时被我们忽略掉的有趣的细节。

举个例子,刚好也可以用理论来解释,这样的游戏对孩子的成长有什么样的启发?

▶图 5-1 沙坑小子

在沙坑中刨地的背着书包放学也不离开学校的小朋友就是我的小儿子。他跟其他的小朋友一起在那个沙坑里挖

呀挖,提醒好几次才依依不舍地回家。

那天天气很好,我就坐在离沙坑不远的一个轮胎上,想看看他们到底在玩什么,因为我也很纳闷,那个坑已经挖了一天又一天,有什么可玩的呢。然后就听到小儿子说:"我要开一个咖啡馆。"

他很喜欢跟我一起去咖啡馆,我要喝咖啡他就可以得个蛋糕什么的。当他有了这个主意,就像发出了信号,游戏启动了,之后就有很多蹲着一起挖的小朋友也开始响应,很快就有人去做咖啡,有人去做蛋糕,有人负责点单,还有假装收钱的都出来了,面点师、咖啡师、服务员、收银员各种角色一下子就到位了,效率特别高。

然后就看到有小朋友过来点餐,开始的时候还知道这是一个咖啡馆,排队的顾客会说:"我来点咖啡。"然后有的小孩就说:"我要点蛋糕。"负责点单的小朋友还知道问:"你要什么口味的?"作为观众,我想:"哟,还可以选呢。"这个时候顾客就问:"有什么口味的?"

很多都是在生活里他们所听到、看到、体会到、尝到、闻到的,这些经验就都被提取并用在游戏里了。在他们的咖啡馆里,光我偷听到的就有草莓味的蛋糕、有巧克力味的蛋糕,总之品种特别丰富,生意特别火爆。这个生意做得还真不错。

▼图 5-2　表演是天性，个个是戏精

慢慢地，业务范围扩大了，这里热闹，别的小朋友也进来了，说我也要点单，大家都凑过来。这个时候来的顾客其实已经不太知道这是个什么地方了，只知道是个有好吃的地方，来了之后什么荷叶饭啦、什么包子啦都开始点了起来。当然，这也是个有吃必应的好去处。

他们一路的进行当中，你会发现在整个游戏里，孩子们发掘出很多的能力，比如说社交能力，还有设计能力，因为他们要去规划，在这个沙坑里面该怎么样去布局，还有团队合作的能力,有人负责点单收银,还有直接负责去做的。

在整个的游戏扮演中,特别有意义的是通过仔细观察每个孩子的表现,可以看到在他们的日常生活中大概有哪些经验,还有哪些是他的幻想,或者是二手经验放在里面,所以整个过程我看着就觉得特别有趣。

每次回想起这个场景我都会感到欣慰,给了孩子更多的空闲时间,去玩这种看上去一点都不高大上的游戏。在市场上有很多特别高大上的玩具、教具不断地推到我们的孩子面前,但我一直觉得,其实创造力才是一个孩子会玩的很重要的基础,而且和同伴的玩耍也会对他的能力有很大的提升,他们是在彼此的互动中共同成长的。

当大家说孩子都太忙了,能找到小伙伴玩,并不是一件特别容易的事儿,那我们作为长时间跟孩子在一起的成年人,父母还有主要的养育人,我们是不是也可以更投入一点,向他们的小伙伴一样,更投入地更深入地跟他们平等地玩耍起来,去做一个我们原创的游戏呢?

只要你够投入,我觉得一个原创的游戏在家里应该是自然而然地随时可以生发出来的。

▼图 5-3 哥哥我可怕吗？看镜头

在这我想提一个稍微犀利一点的问题，为什么从小特别会玩的我们在长大了以后，就好像失去了会玩的能力了呢？

小的时候我们都玩过什么？跳皮筋、过家家，还有男生玩的弹球等。但是现在我们的孩子却越来越少地有机会玩这样的游戏。成年人似乎也认为要去营业中的、有专门游乐器材的地方才可以玩耍。

不是因为我们现在可以玩的少了，而是玩具多起来，但是玩法却少了。

怎么讲呢？举个例子。

我们现在了解了越来越多的教育理念，比如说某一个教育理念，有很多种玩教具，孩子可以通过操作的过程来提升很多的能力。我有一个幼儿园管理层的朋友是来自加拿大的一位专家，就在管理几所这样的幼儿园。

有一次聊天，她就很担心地说，很多老师在使用这些教具的时候，过于拘泥于教具正确的使用方式，比如说怎么打开、怎么使用，然后孩子便通过教具去学习从小到大的各种概念和形状的概念，当然，这些都不错。但是教育这事儿不应该是教条的。如果孩子没有遵循老师的方法，玩了起来，比如他去用这样的一些教具积木搭起了一座高塔，或者是盖起了一座城堡，就要被老师完全制止，这样矫枉过正就成了以玩教具为中心的教育了。

学龄前的孩子应该有机会释放出更多的想象空间，只有这样的游戏对他们才更有意义。在搭建高塔的过程中，他也可以学习到大块的积木放在下面，小块的放在上面，这样搭起的高塔才可以更稳固，这些都是学习。

我们不需要去拘泥于某一种方式，用一个说明书的操作指南来教育我们的孩子。每一种游戏的探索和实践互动都是有意义的。就像瑞吉欧所倡导的那样，儿童的一百种语言，有一百种完全不一样的孩子的玩耍和游戏方式。

No. 3 艺术游戏

讲了太多玩和游戏的意义，相信很多父母也都认同，或者至少在孩子低龄的阶段可以完全认同。

我们从玩开始，然后进入游戏，接下来我想跟大家讲一讲艺术游戏这件事情，艺术跟游戏其实是密不可分的。

好的儿童艺术创作正是以游戏的方式存在着的，所以艺术才会受到孩子们的欢迎，并且可以为之投入更长的时间去创作。创作和游戏的过程丰盈了他的内心，帮助他构建自己的世界。

▼图 5-4　瓜瓜的创作

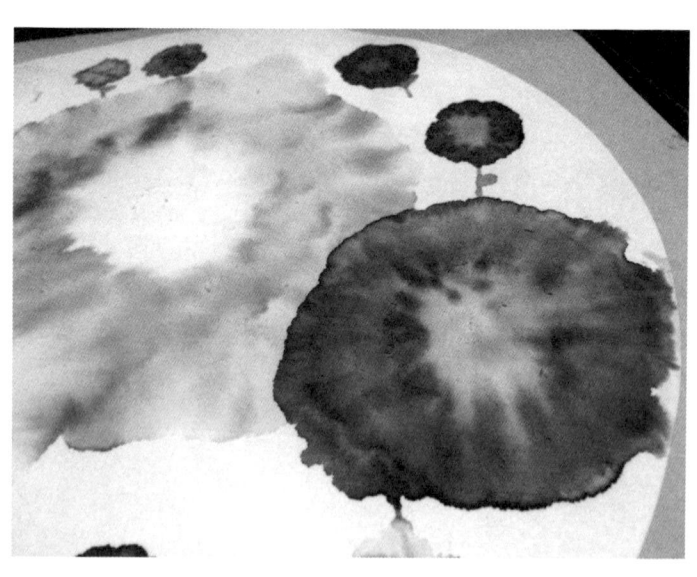

五岁的瓜瓜在家里画了几幅画,她给妈妈介绍说:"这不是艺术,这是游戏。"妈妈发了朋友圈,感慨说:"这句话对我颇有启发,美术教育可能更多是对生活、思维、审美和情绪的影响,而不仅是手上那支笔。"

不知道大家还是否记得我之前分享过的一个案例,就是我们带着很多孩子用来自厨房的颜料来画画,大家看到的是在创作的那个部分,在那之前我们把它用一个游戏的方式介绍给孩子。

什么意思呢?就是来自厨房的颜料,这些调料是有颜色的,它们更有味道。所以我们把孩子的眼睛给蒙上,让他觉得很有神秘感,非常期待参与进来。然后我们把他们带到每一个不同颜色的调料前面,而比较幸运的孩子可能是尝到了一点点咖啡的苦、一点点抹茶的味道,对他们来说,通过游戏的方式,接触到这个颜料调料,然后他们会更主动地参与其中的创作,这样他们玩游戏和艺术创作是一起的,并没有把它们去一个一个地区隔开来。

所谓艺术游戏就是孩子艺术创作的很重要的一个形式。带孩子做艺术创作永远不是那种"宝贝们,我们一起来画画吧"!很有可能是他们还在忙着手头的事情太过于投入没办法一下子停下来。所以一定要有一个有趣的事情吸引着他们，有一个有意思的预热的过程，让他们主动地参与进来。

▼图 5-5　和好朋友边画边聊

很遗憾，我们看到现在有很多艺术教育的项目，用更结构化的课程设计，让很小的孩子按部就班地在特定时间内完成一个形式相对固定的作品，根本就没有时间和精力用游戏的方式来探索材料、探索创作主题，从而剥夺了孩子自由发挥的空间。

遗憾的是，很多这样的项目更多的是为了取悦埋单的父母，这看上去很高大上，到课程结束的时候也许能看到一个相对完整的作品。但对孩子来说，一个好的创作、像游戏一样的创作过程，才是他们最需要的。

No.4 **艺术实验**

如果说一群小孩子去玩一些创作的材料就被称作艺术游戏，那么一群自称为或者号称为艺术家的人认真地去玩一些材料，那他们就可以用一个词叫作艺术实验。

这样好像很不公平，因为我们和孩子也都是艺术家，咱们把这个概念稍微升级一下，我们跟孩子一起来做的这些探索也是艺术实验。可以从玩—游戏—艺术游戏，现在我们进入了一个艺术的范畴——艺术实验。

什么叫艺术实验？为什么要把这个概念介绍给大家呢？我们很多时候太过拘泥于一个结果，而实验是可以面对一个开放的结果，我们能够接受所谓的"失败"，也就是能够接受所谓没有得到的一个结果，一个固定的画面或作品呈现。所以我们可以更加关注这个创作的过程，探索的过程，而这才是孩子真正能够获得成长的根本所在。

我最反对的就是为了发朋友圈秀成果而进行的儿童艺术创作，完全违背了开放的实验精神，这也是很多美术班老师不得已动手在最后五分钟帮忙修正的原因，否则父母很可能会认为孩子"没学到东西"。

举例说,我听一个朋友说过,他看到一位妈妈很自豪地发了一条朋友圈,两岁多孩子画的画,上面画的形象是非常完整的轮廓,小兔子什么的形象,很显然你可以看得出来,这并不是一个孩子的作品(神童父母可忽略),而是父母为了追求那个成果而做的事情。

就像最近在一个视频里看到一位儿童艺术教育研究者说的,一个小朋友送给她一幅作品,可是她看到却只是想哭,因为那明显就不是孩子的画啊!

▶图5-6 伪"儿童创作"

大家可以看一下这张图片,是一个儿童手工之类活动的完成作品。大家知道,一个儿童是很难做出这样一个手

艺精湛的玩偶娃娃，或者说他没有办法比较独立地做出来，哪怕你给他一些很完整的材料。对工艺的要求太高了。

▶图 5-7 小儿子手做娃娃

大家再来看看图 5-7 这个奇奇怪怪的玩偶，这个就是我家小儿子六岁的时候参加我组织的家庭美育生活夏令营时自己缝制的玩偶，很是敝帚自珍，每天睡觉都要抱着。

大家一定觉得这个形象是一个特别奇怪的"布娃娃"，这个布是小朋友们自己染的，通过自己的设计和裁剪做成的这个样子。所以即便你看不出来它是兔子还是什么，他还是非常喜欢，因为这是他自己创作的成果。当然也要介绍一下,艺术家官方说法是他这个作品做的是一个士兵,的确是很考验大家的眼力啊。

讲到家庭艺术实验,其实在我的《生命合伙人——美育从妈妈开始》书里也介绍过几个这样的家庭艺术实验,我觉得有一些是屡试不爽,就是这些游戏玩法是很开放的,而且妈妈跟孩子都可以在游戏的过程非常享受。

比如我们家里玩线条大侦探的活动,后来大家又改作随时随地的线条游戏之类的,叫什么名字没有关系,很简单,就是在一张纸上,准备两支笔,可以颜色不同,或者是粗细不同,有所区分。不管是孩子先开始还是妈妈先开始,在这个纸上先画个图案,画一根线条就可以。后面的人就要去猜它,一方面在你的线条上跟着画一笔描摹一下,其实这样也练习了孩子画线条的能力。

游戏继续就是参与的人轮流跟画,从中你会发现,在每个过程中他都会猜,就像我们画了一条鱼,可在刚开始的时候我们只画了一些半片的鱼鳞,起初他以为是月牙,然后以为是人脸或者是其他的什么东西,直到我们把最后一笔画出来,才知道是条鱼。

这个过程真的蛮有趣的,而且这对父母是没有挑战的,你画得越不像,这个过程就越有趣,因为大家可能会猜出

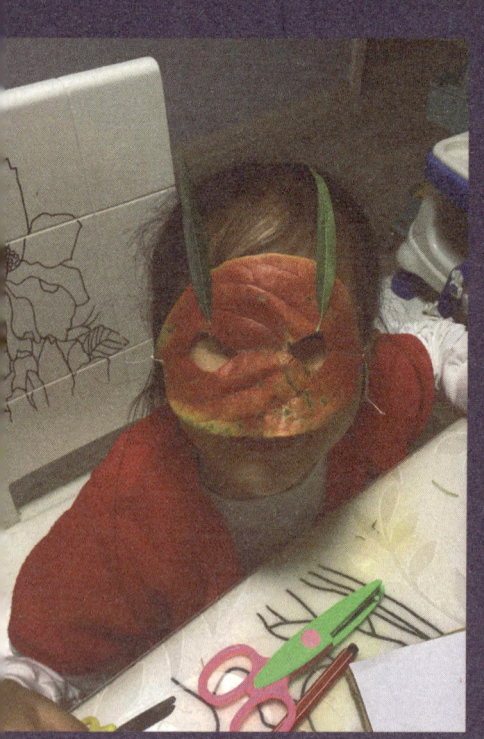

千奇百怪、五花八门的一些东西来。具体的家庭艺术实验方案大家可以去《生命合伙人——美育从妈妈开始》里面到"外一章"去参考符合你的孩子年龄发展特点的内容。

之前第三课讲过,我们在卫生间、在厨房、在家里的角落、在自然中,都可以找到很多可以用来做创作的材料。我们用艺术实验的态度与孩子一起来探索材料,哪怕最后没有一个所谓完整的作品出来,但是你们一起探索的过程,其实就是最好的作品。

接下来我们进入这节课的最后一个概念,还记得我们讲了什么吗?从玩到游戏到艺术游戏到艺术实验,现在我们把艺术实验这个词调换一下,实验艺术,是不是更高大上了?这到底是啥意思?

No.5 **实验艺术**

大家来看图5-8,我觉得很能说明问题,是不是实验艺术就等于看不懂的艺术呢?前方略烧脑,我尽量言简意赅。

我们先来看个例子。还记得在第一次分享里我就跟大家说过:"人人都是艺术家。孩子是,你也是。"

这句话后面半句是我说的,前面一半就是来自博伊斯,一个挺出位的,一个有实验艺术精神的艺术家。图5-8的作品就来自他。

▶图 5-8 《如何向死兔子解释绘画》

图片中他抱着一个死兔子,脸上涂着金色,然后给这个死兔子讲哲学、讲艺术。这个行为、这个过程,就已经是他的艺术作品,是不是挺出格的?

以我的理解,实验艺术应该有几个层面,或者说它包含了这样几个内容,当然我们并不是从艺术研究的角度,而是从为普通人解读的角度,我们不再说看不懂。

第一,它有一个主题,或许被阐述得很清楚,又或许阐释得没那么清楚。

观众作为解读这个艺术作品的人,你也可以去发表你的见解。

第二,这个主题要探索一种方式来把它表达出来。

有可能是抱着一个死兔子,也有可能是别的什么,这要看艺术家觉得什么材料、什么方式最适合表达他的主题。其实跟艺术实验差不多的就是对结果要保持一种开放性,它没有一个唯一的标准答案,有可能最后会产生一个可以展出的,我们叫作艺术作品的一个东西,也有可能最后是没有什么作品,但这整个过程就是一个艺术作品。

比如说,一个环保机构想提醒大家说,这个冰川正在融化,这个主题要传达给生活在城市里的人们其实并不容易。他们请了一些艺术家试图将这个主题表达出来,那他们用的又是什么样的材料和手段呢?

▼图 5-9 冰川融化议题的艺术项目

他们从这个冰川的源头采了一些冰,然后把这些冰做成了很多小人儿,然后排在一个广场上,视觉上挺壮观的。这些小冰人儿在太阳下慢慢地融化了。可想而知这个作品到最后肯定是没有了,变成了一摊水。融化的过程真正肉眼看到的人肯定有限,但这个行为的整个过程被记录下来,所有看到图片、视频的人都能感受到这种材料、这种行为、这种方式所表达出来的这个主题,那我觉得这就是实验艺术。

这种观念的探索在当代艺术里已经是越来越重要了。如果你还是觉得实验艺术离我太远更没什么关系,那么大家可以看图 5-10,在 2017 年的时候,中央美院出了一份考卷,在网上已经引起了非常多的讨论。

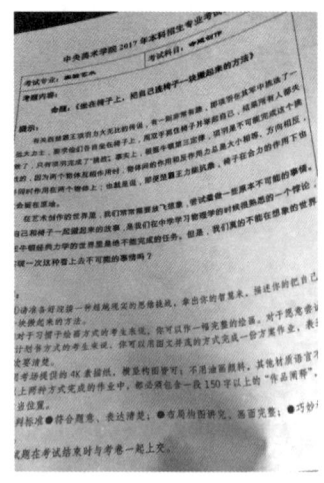

▶图 5-10 中央美院考卷 2017

这个考题大概的意思是这样的：你坐在一把椅子上，然后想个方法把自己和这把椅子都给举起来。每位考生要提交的就是他的方案如何来完成这个事情。如果说艺术教育已经发展到了这样的一个阶段，也就是有想法的人比会素描的人更有价值，那你还会让你的孩子在很小的时候去参加素描考级吗？我觉得这是完全没有必要的，如果你还这样做，我只能对你顶礼膜拜了。

因为大家知道，现在都可以通过大数据的学习画出很多的画，所以越来越多的证据和发展趋势都在告诉我们，孩子原创的思维能力、思辨能力和想法是最重要的，也是最珍贵的，更是未来他存在和成功的一个保障。

如果说艺术家的价值越来越多地体现在观念和想法上，我觉得在孩子小的时候我们带他所做的探索和实践都会成为他最宝贵的资源，给他丰富的一手的生活体验，我们跟他一起做些看似无厘头的材料的探索、游戏、艺术实验，都会成为他非常宝贵的、未来获取灵感的、生发想法的一个很珍贵的宝藏。

如果不拦着的话，其实我们的孩子早就自发地开始做各种的实验艺术了，他们跟潮流其实贴得更紧密。

▶图 5-11 一坨斗兽场

给你看看我家的两个艺术家,他们每天不断生发出来的这些实验艺术的项目,比如说我小儿子做的一系列世界著名的建筑,这个歪歪斜斜的就是罗马斗兽场,还有我大儿子用喝汽水的吸管做的很多的装置,各种不同的编织方式,发掘了很多材料,把吸管的功用彻底地最大化(当然我们也在讨论要减少这种材料的使用,已经意识到这很不环保)。

图 5-12 是我家小儿子送给我的一个作品,在一个周末早上我还没有起床的时候,他蹑手蹑脚走进来和往常一样,拿着一个自己勾描过的破纸片,说:"送给你。"

纸片上乐高迷画了个乐高形象的人物。我睡眼惺忪对他说,谢谢你!然后他又跑出去打了一个洞,穿上一个小麻绳,再回来。

我问他,这个小人是谁呀?他说:"这是你的保护神。"我说:"太好了,我特别需要一个保护神。"他亲手把保护神挂在我的脖子上,我问:"这保护神是谁呀?"他说:"就是你自己啊!"

▶图 5-12 我的护身符

他表示赠送仪式结束,我可以再睡会儿,可是他走了之后我就再也睡不着了,我就在想,这简直是太有哲理了,这个观念太高大上了,因为每个人都是自己的保护神,不是这样吗?!

小结

一起梳理一下这条路径：

玩—游戏—艺术游戏—艺术实验—实验艺术

这个路径我把它叫作从玩开始的创造力螺旋：从玩开始，玩就是孩子存在的方式，然后多了一些规则，更多地参与，我们把它叫作游戏，再用游戏的方式来做艺术，那就是孩子的艺术游戏，也是让他们更容易接受和参与其中。

我们把儿童在这个领域里做的事情放到所谓"艺术"的领域，把它叫作艺术实验，听起来好像高级一些，用开放的态度去探索不同的材料和创作，然后我们进入到实验艺术，更加明确地有主题有表达，或者说进化到了一个更高阶一点的玩法。

在未来，观念和创意的表达对艺术家来说是更有价值的事情，我们让孩子源源不断地有创意、有想法，在今天就要源源不断地给孩子更多的养料和滋养，这个滋养就是我们允许他，我们跟他一起在生活中做各种各样的艺术探索。因为只有在他们小的时候，只有在今天我们不去压制他们原创性的想法，经过不断探索、积累和鼓励，在未来他们才可能会有了不起的想法冒出来。

▶图 5-13 地上铺满糖果的艺术展

如果今天我们压制了他们的想法,让他们去标准化地学习,再给他们非黑即白的标准答案,他们不可能在十年、二十年之后突然间说:"嘿,我有一个了不起的原创的主意。"温水煮青蛙,煮到那个时候他们很多原创的能力可能就已经被磨灭掉了。

如果没有感受力、没有原创的想法,在未来 AI 可以替代人类很多功能的世界里,像我们这样肉身的人存在的意义和价值又在哪里呢?

家庭实践

好像说得有点沉重,我们赶紧把作业留起来,因为说到底还是要从玩开始。

练习一:梦的形状

看上去感觉是特别好的实验艺术主题。很简单,就是每天起床的时候(早上匆忙,也可以在其他有空的时间),掀开被子跳下床,然后回头看一下,你会发现,每个人每一次的被窝形状都是不一样的,每个形状里面可能都承载着你的梦境。

你可以跟孩子一起把这个被窝的形状画出来,然后跟他讨论他的梦境里面都有什么样的故事发生,他有没有说梦话呀,有没有人追逐他,有没有怪兽出现?

然后你们再用画笔或者其他你们发现的奇奇怪怪的材料去装饰你们的梦境,这就是梦的形状。

我知道,作为一个很权威的、很先锋的实验艺术家,你一定会期待更疯狂的玩法。

练习二：拥抱的印记

我们每天跟孩子有很多的拥抱，那我们就用颜料的方式把这个拥抱记录下来。

去找一张大大的纸放在地上，身体就是你的"笔刷"。

如果你想保护好自己别弄得太花，你可以穿雨衣，或者用其他的比较容易清理的衣服，当然可以用水溶性的颜料比较好洗。然后你们涂上自己喜欢的颜色，不要太多，一两种就可以了，最多不超过三种。

跟孩子去做一个大大的拥抱，也许你们平时拥抱过成百上千次，但是这次的拥抱不一样，这个拥抱会留下印记。

把这个拥抱的形状印到大纸上，这个就是你留下来的拥抱的印记。

你们两个可以重叠着印在同一张纸上，这样的话你们两个的印记在纸上又拥抱在一起了！

当然，在这个印记之上，你跟孩子还是可以做各种不同的创作，不管是画、拼贴、拿蔬菜盖章，还是做任何你想做的疯狂的事情，我觉得都是可以的，不要给自己设限。

可以玩得更疯狂一些，当然也要根据你的实际情况而定。

实在不行，动作太大做不了，可以试一下"唇印"和手印，这些都是"版画"的范畴，用身体来留下印记和孩子有关联的就好，你又有什么疯狂的主意啦？

练习三：原创一个玩法

这个作业就当作附加作业吧，我觉得最重要的是这些玩法，而这些艺术实验、实验艺术、艺术游戏这样的做法没有一定之规，你可以跟孩子一起开发你们自己的方法，在这个开发的过程中，有这样几点你也可以稍微考量一下。

比如，主题是什么，你想表达什么，用什么样的材料，哪些材料可以用，该怎样去连接，怎样拼贴，还有跟孩子如何一起操作，如果太过复杂是不是孩子没有办法参与其中。

作品最终的呈现，你有什么样的想法或者没有呈现，把它记录下来就是一种呈现。

特别期待大家自创的这个作业，艺术游戏、艺术实验的作业，也期待有图有真相，看到更多会玩、会疯玩艺术的父母出现。

第六课　走近艺术：像去超市一样去美术馆

关于艺术和孩子没话说？怕说错？

看五分钟孩子就要逃？到底哪些展览值得看？

读完这节课的内容，你会了解：

去美术馆不需要背下所有的艺术档案才能成行。

设计一次完整的出行，需要孩子的参与。

舒适度是亲子出行需要考虑的第一原则。

艺术品没有"看不懂"，你也可以有自己的解读和对话。

再给你几贴美术馆应急 tips（提示）让你实现想走就走的亲子艺术行。

前面我跟大家分享了在家里如何给孩子打造一个鼓励创作的空间，很多父母跟孩子在家里都各种空间腾挪玩得不亦乐乎。

作为一个真正的艺术家，不仅要沉浸在自己的小空间里创作，更要走出去看更多的艺术家的作品，从这些作品当中吸收文化和艺术的养分，还有灵感。这一课就跟大家来聊一聊怎样可以让去美术馆像去超市一样简单。

这个话题在《生命合伙人——美育从妈妈开始》当中有所涉及，但对于美术馆经历比较有限的父母来说，还是有一些需要进一步说明的地方，也是在"游学热""美术馆热"兴起之后父母们问题比较集中的话题。

看着假期里不断升温的天价艺术游学，人山人海的现象级展览，缺少艺术基础的父母会困惑，为什么去美术馆，如何去美术馆，不懂艺术怎么带孩子去？

这么多的问题在这一讲就帮助大家梳理一下，听完你一定会对自己更有信心。

我会从几个问题的讨论来和大家一步步地深入这个话题，也希望大家在读下去之前也暂停一下对这几个问题做出自己的思考。

1. 我们为什么要带孩子去美术馆？

A. 学知识，长见识

B. 增加艺术素养

C. 培养亲子关系

D. 没啥具体目的

对你来说，哪一个选项最符合你的选择呢？

我们到底为什么带孩子去美术馆呢？显然这不是一个日常的刚需。那我们为什么还要做这件事情呢？

我们先一起从头来梳理一下。美术馆是什么？这个空间是有什么存在的意义？美术馆教育又意味着什么？还有美术馆教育在家庭当中对孩子的成长又有什么样的意义？在越来越多从政策到家庭的鼓励文化游学，以及近年来各种知名艺术大展门口长长的队伍，在投入这个热潮的时候，我们的确要好好思考一下。

我们一起来看看美术馆到底是什么？

提到美术馆，我不知道你的脑海当中浮现的是什么？一些高大上的空间，很空旷的建筑？里面挂了很多非常珍贵的艺术品，可能还有面对艺术微笑沉思颔首不语的人群？一旦有了著名的展览，在展出的时候就会人满为患？

▼图 6-1 MoMA 展出的星月夜

大家现在看到的这张照片是我踮起脚尖透过人群拍摄的一幅著名的作品,就是梵·高的《星月夜》。熟悉的朋友一定知道这幅作品的原作是在纽约现当代艺术博物馆 MoMA 里面的一个永久陈列的区域。

我是 2016 年年底的时候在纽约短暂停留期间和朋友一起在闭馆前匆忙赶去的。当时就发现在闭馆前展厅的其他位置其实并没有那么多的人,但是一旦绕到这个柱子的后面,在《星月夜》这幅作品的前面,就挤了大概三四层的人群,当然也有专门的一位安保人员站在旁边。

这幅作品的尺寸和很多声名远播的著名作品一样，也并没有想象中那么伟岸，所以大部分人其实只是有机会远远地这样看一眼，坦白地讲，很多细节其实看得也并不是那么清楚。

这就是很多美术馆的一个状况，也是我们大多数人去美术馆里面的一个动作，迫不及待地到一个手册上说的最著名的那个作品前面驻足观看一下。看了之后心里就觉得踏实了：这个美术馆我来过了，著名的作品我看过了，朋友圈也发了，完美。

但我们带孩子去美术馆应该是这样的吗？

贡布里希在提到这一类对着名录看画的参展群体说："他们走到作品前面，一停脚步，就急忙去找它的号码。我们可以看到他们在翻书查阅，一旦找到了作品的标题和名字，就又向前走去。其实他们还不如待在家里，因为他们简直没有看画，不过查了查目录而已。这是一种脑力的'短路现象'，根本不是欣赏绘画。"这位爵士也是够刻薄的了。

如果你想去美术馆就是这样的行为，那其实真的可以不去。真的欣赏艺术，以崭新的眼光而非寻找正确标签/概念的心态来观看一幅作品，才是更有意义的经历。

在中国，美术馆还是个非常新生的事物。大家如果到海外的一些美术馆，会常常看到一些场景，就是有很多孩子在作品前面席地而坐，有成年人给他们在讲着什么，然后孩子们时不时地或举手提问交流，或手里带着工作指南自己在美术馆里面去探索、去发现、去记录着什么。美术馆教育其实在海外发展的时间还蛮长的，教育者和老师也比较有经验，带领孩子们在这样的环境中体验和学习。

虽然我们现在有很多机构、很多教育者在迎头赶上，但是坦白地讲，在我看到的很多美术馆游学项目中的情况，并不乐观，以单一知识传授/讲解为主要风格的美术馆游学占了主流，而且资源有限。

让美术馆教育惠及更多孩子还是需要相当长的时间，孩子的成长并没有给我们那么多的时间去等待，所以我觉得美术馆教育在家庭当中是需要我们这些父母们多做一点功课能够补上这一课，同时也补充了我们在幼年时期的缺失。

关于刚才问的问题，并没有标准答案，带着什么样的目的去美术馆都是好的，只要我们把自己独立的思考带上，用开放的心态去看艺术，接受未知，去和孩子一起探险。

在我们正式开始交流如何带孩子一起去美术馆之前，给大家介绍我的一个朋友，同时也让你放松一下。为什么我们很多人觉得去美术馆一下子变得是一个特别严肃、特别高大上，与我们有距离的一件事情呢？

▼图6-2、图6-3　Eric在旧金山现当代美术馆SFMoMA两幅作品前拍照

照片上这个大个子是我一个很好的朋友，他叫Eric（艾瑞克），是个工程师。艾瑞克很风趣，他的太太跟他都很喜欢艺术，我们在芝加哥读书的时候经常一起去美术馆，在我的影响下他的太太开始学起了油画。但是让人哭笑不得的是艾瑞克经常用自己的方法来解读艺术，所以跟他一起去美术馆是一件既有趣又很挑战幽默感的事。

尤其是去看一些现当代的艺术展，艾瑞克说他有一个标准，关于什么是好的艺术，什么是不好的艺术。大家可以在图6-2和图6-3看到他在两组作品前面都拍了一个照片，这是我在旧金山现当代美术馆SFMoMA给他拍的，时

隔三年刚好赶上旧金山现当代美术馆重装开张,出差路过的我一定拉着艾瑞克当车夫一起去逛逛。

两幅作品前摆出的手势绝不一样,一个是点赞,一个就是不友好了。两幅照片表明了他对作品的态度,也是他作为一个工程师关于当代艺术的评价体系:如果这个作品我也能做出来,就不能称为是好的,反之,如果我画不出来,那就至少及格了。

所以把这样一个很个人的,甚至有点开玩笑的"标准"白纸黑字地写在这里,并不是说我百分百同意他的标准可以适用于所有的人。但是我认为这个小故事给我们的启发是:你可以带着你既有的艺术经验和表达的方式去美术馆,因为你是独一无二的,你应该可以以你特有的角度来看待艺术。所以你把艾瑞克当成一个笑话也好,当成一个小小的幽默也好,但他带给我们启发:你可以有自己的一个态度。

对我们的孩子当然同样如此,我们也要鼓励孩子去表达自己的态度,因为每个人的艺术前经验都是不一样的,每个人的生活经验也是不一样的,所以我们真实地去表达,我们也让孩子可以真实地去表达。美术馆并不是一个殿堂用来压制你的,让你用艺术的知识来碾压你的,它是一个空间、一个场景,可以激发你的灵活的想法,让你自己释放出来的，如果用这个角度带孩子去美术馆，我觉得这个过程就会更轻松愉快一些。

这里绝对没有对艺术和艺术家不敬的意思，但如果他们知道自己的作品被不同年龄和经验的人用多种方式解读，除了有晦涩艰深的评论家盖棺定论之外，还有更为鲜活的孩子们的评判，想必他们如果出现都会笑开花。艺术家创作了作品，他是一个艺术信息的编码人，我们来观看就是解码人，究竟孩子和评论家谁比谁更接近艺术家创作的想法，还真是不一定呢。

2. 展览的灵魂人物——策展人

提到美术馆的展览，有一个核心概念大家应该了解——策展人。我们看到的每一个展览，它的灵魂其实都是策展人的一个表现，当然，我们可以说作品都是艺术家的呀，但是策展人在整个展览的规划、主题的提炼，还有空间的布局，在很多方面都提供了很多专业的意见。

好的策展人从学术的、审美的、艺术史的角度打造展览和艺术家，当然很多时候我们看着展览的前言，明明是母语却完全看不懂在说些什么。前几天还看到一个朋友圈的看展求助"每个字都认识，但为什么凑在一起就不明白说的是啥"。虽然不排除部分原因是普通人艺术素养有待提升，但的确也有大量匪夷所思玩弄文字和概念的展览前言，目的似乎就是一下子把普通观众吓到。

我发现越是能够用深入浅出的语言来表达深刻主题的人，往往是那些真的通透的、有实力的策展人和艺术评论家，不必用艰深的文字来粉饰，对展览和作品以及艺术家的价值有足够的信心，关照了当下社会状态，又引领着未来的艺术家，不必过度包装。

▼图 6-4　协助布展

图 6-4 这张照片是我在一位朋友的一个很特别的小型艺术空间开幕的时候去帮忙，这位朋友是艺术家也是策展

人。我手里拿着这个是篆刻图案和文字的葫芦作品，它需要悬挂起来，那高度到底怎么样？应该挂在什么样的位置呢，我们都是听策展人的各种安排和指挥的。

▶图 6-5　小儿子在帮忙布展

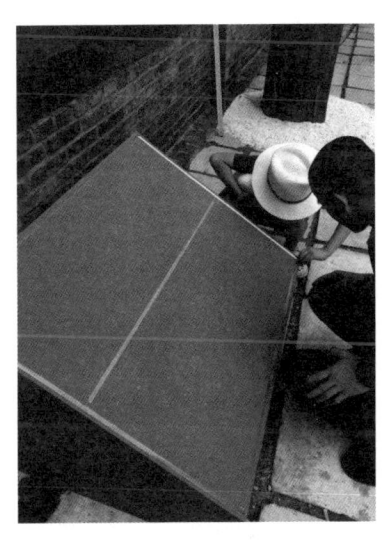

为什么要了解这些呢？我是觉得让孩子知道更多展览幕后的一些故事。图 6-5 这张照片就是在开幕前我带着我的小儿子去继续帮忙，戴白帽子低头干活的这个小朋友就是。给他找了一个工作是去帮助把印刷了策展人前言的小海报去贴在这个地台上。他工作得非常认真和投入，一起协助的成年人也是很懂得儿童心理，愿意在他慢一点的时候等待他完成自己的那部分工作，而不是代替他完成。

虽然那天只是因为孩子没有人看护才一起带去了，但后来发现这是一个非常好的体验，一个关于展览的不一样的输入，毕竟之前看过的展览都是正式开幕之后才去的。回家之后过了几天他就跟我说，我以后要做一个策展人，我要规划一个展览，我有一个了不起的计划……

如果把幕后的这些东西有机会让孩子去了解更多，甚至有机会参与进来的话，他就会知道这个展览不是一个静态的，不是我进到一个空间，那些画、那些作品天然地已经摆在那里了。而是背后有一群人按照他们的想法，通过艺术作品，通过作品的布局把想法完整地呈现出来。

3. 这个不走寻常路的观展群体

我曾经带孩子去上海参加过一个儿童的美术展，因为是提前一天到，而且还是所谓的特邀嘉宾，所以就有一个专门的老师带着我和孩子去看画展的作品。老师很熟悉这些作品，也很有自己的想法和思路，带着孩子一张一张地一个一个区域地看。但是我发现，在整个这样的一个 VIP 讲解过程当中，孩子的兴趣没有被特别点燃起来。

这些不走寻常路的观展群体，他们看展览的角度到底是怎样的呢？在整个展厅转完一圈，看了很多作品，他在角落里发现一个很小很小的罗马斗兽场的雕塑，小到从旁

▶图 6-6 小儿子看展

边路过会被忽略掉。因为小儿子当时对这个主题很感兴趣,一定拉着我去看。对展厅里其他的展品好像有点无感,当时让我很是有点尴尬。

然后我们去到那个展厅外面有一个玩偶,在门口去迎接陆续到来的观众,然后就会发现,孩子对整个展览最感兴趣的是什么呢?他感兴趣的是门口的这个玩偶到底是怎么样钻进那个戏服里面去的!他一直很不雅观地趴在那里看。

就是这张照片,小儿子拒绝和玩偶合影,趴在地上非要看个究竟。只能说在每一个展览里面我们成年人关注的点跟小朋友们关注的点真的完全不一样,很多时候还蛮尴尬的,因为对我们来说不是很好理解。

▶图 6-7 换个角度看

为什么好好地挂着的作品你不看,却看这个呢?我们要知道每一个人带着自己的经验去到那个现场,所以每个人是用自己的角度去观看、去观察、去吸收,所以只要带孩子到那个空间里,他一定会有所得。至于这些不配合的观众,我们应该如何"对付"呢?

首先,当然去选择适合孩子看的展览,那么问题来了:

4. 到底什么样的展览,适合带孩子一起去看呢?

A. 有大师作品的,艺术价值高的

B. 参观人少的,离得近的

C. 有互动的,对孩子友好的

D. 父母喜欢的

E. 附近能吃到好东西的，或者有其他好玩的

你的答案呢？

其实这是个多选题，你如何组合都没有错，就是要父母来综合考量。大师的作品有艺术价值的作品当然值得去看，但如果排队需要五六个小时甚至更长，可能就真的不适合带孩子去了，因为舒适度是看展中很重要的一件事。

离家近当然更好啦，你完全可以来一场跟孩子说走就走的美术馆之旅。附近有好吃的当然也很重要，对孩子来说可能这才是一个完整的出行！在我孩子小的时候我经常带他们去各种展览和开幕式，他们就很明确地跟我声明说："我们喜欢开幕式，但是我们没有那么喜欢去看一个展览！"我问："那是为什么呢？"他们说："因为开幕式上总是有好吃的蛋糕，而且也有好喝的饮料！"

我觉得孩子们说得很对啊，这就是在跟卢浮宫的公共艺术教育的负责人雷瑟女士交流的时候，她一直在强调的舒适度这件事情。这个舒适度包括大家怎么来到这个空间，包括在这个空间当中有一些什么样的体验，在什么样的距离可以适当地休息一下，或者在什么样的距离，在什么样的时间参观之后可以去一下洗手间，等等，一直到他们离

开这个展览之前等所有的细节。

整个的观展过程当中,舒适度都是非常重要的。为什么呢?因为我们希望把一种非常愉悦的、非常美好的情绪和体验留给孩子。孩子的这个美好的情绪、这样的体验是跟美术馆的体验这样的记忆联结在一起的。

不是一提到美术馆就皱眉,那是一个好远好远、我需要排好长的队、去洗手间也不方便、辛苦了那么久一直饿着肚子,还没有什么好吃的那样一个地方。对孩子而言,他们的整个感受是一个完整的全方位的。所以如果他的情绪的记忆很美好,跟参观美术馆联系起来的都是非常美好的一些记忆,对他来说也更愿意跟大人一次又一次地走进美术馆。

一次成功的美术馆之旅应该是什么样的呢?

A. 看了很长时间

B. 孩子很喜欢

C. 大人很喜欢,孩子很一般

D. 孩子在现场画画了,做临摹

E. 孩子回家后根据展览进行了创作

F. 你来决定

你觉得你会选哪一项呢?

父母和孩子的兴趣哪个更需要被照顾到呢？我想，首先是不要让孩子觉得成年人是"被迫来陪着孩子看一个特别有教育意义的东西"，毕竟让孩子看到我们对这个展览议题有兴趣很有必要（个人的兴趣，而非因为所谓的教育意义而产生兴趣）。

此外，即便孩子是陪同，也可以在观展过程中发现自己的乐趣（有意引导的，或是自行产生的）。总之要轻松，没有一个标准说必须做到了什么，这个美术馆之行才是成功的。我们有时候太过于从某一次的活动/课程得出教育的意义所在，这样就会导致很多行为过于急功近利了。如果一定要有一个标准，那就是大家情绪都不错，没有把去美术馆当成负担。

▶图6-8 和雕塑作品对话

在看展的过程当中，我们做一点什么样的事情才会让这样一个美术馆之旅成为我们共同的美好记忆呢？图6-8这张照片是我的两个孩子在著名的雕塑家向京的一个文献展回顾展上拍的一张照片。他们两个去看这个展览原因很简单，因为我陪他们去他们想去的一个地方，然后作为交换，他们同意陪我到我想去的一个地方，就是这样简单的一个决定。

来了之后我却发现他们两个在整个展览里真的是玩得非常开心。因为孩子其实还蛮适合去看雕塑展的，对他们来说这是立体的一个呈现，非常直观，容易理解不需要解读。

两个孩子年龄不一样，他们关注的点还真的特别不一样。比如说小儿子先是在一个放纪录片的房间里面坐了很久，看向京怎么去指挥好多的工人把一个巨大的雕塑一点一点地搬到这个展厅。还有在她的工作室，大家怎么样去打磨这个作品，怎么样完成。所以在那个片子里面他感受到的是：这个雕塑不是一个艺术家自己做的事，是好多人共同的努力来完成的。在看完了纪录片之后，他就画了一幅画：这个巨大的雕塑上面站满了人，旁边还有好多工人在工作，再旁边有一个女艺术家在指挥，这是他看到的这个雕塑背后的故事。

大儿子在整个的过程当中这看看那看看,但是好像没有特别大的兴趣爆发出来。直到我们到了展厅的三层,在这个区域里面有一个互动的环节,就是很多观众在小贴纸上写下对艺术家想说的话,表达的一些心意。

大儿子对这个环节非常兴奋,他仔细地看墙上的留言,问:"我也可以留言吗?"得到肯定之后,他认真地思考了很久。前面的很多留言基本上一看就是文艺青年风格的问题:"向老师请问你在做一个作品的时候,你在想些什么?""你孤独吗?"等等类似的问题。经过慎重的思考,大儿子也拿了一张贴纸,很认真地写下了自己对艺术家的问题。

他的问题是什么呢?你准备好,有点俗啊。他一字一句地写下:"向京阿姨,请问做艺术赚钱吗?"我看完虽然笑了,但觉得他提了特别好的一个问题,这可能也是很多端着姿态来到一个美术馆去看一个著名艺术家的文献展之后不太好意思问的问题。但是我觉得他很真实地问出来了,我也特别开心,虽然我们暂时还没有得到一个具体的答复。

你说怎么样带孩子看展览,算是一个成功的美术馆之旅呢?真的没有一定之规,因为去到那个空间里面,孩子会从自己的角度去获得属于他的东西。一旦你放开对目

▶ 图 6-9　给艺术家留言

的控制，自己也能够投入在艺术本身，而这对于你和孩子去沟通交流展览也是更有益的。

再举个例子，我们曾经带一群孩子去看了毕加索的一个展览，那是一个炎炎夏日，在一个新开业的美术馆里面，展品中有很多毕加索的版画，其实原作并没有那么多，但还是吸引了北京城里很多的家长和机构带着孩子去看展，看展的人甚至多到门口要开始限流，不能一次进去那么多的人。

大多的成年人带着膜拜的目光在看，但是我发现和我们一起去的这些孩子们真的特别识货。他们好像一眼就看出来了,这展览里面没什么特别货真价实的作品啊,品质不像宣传的那样好。展厅侧面有一个小的空间是一个图片展,就是毕加索的一个摄影师朋友给他拍了好多好多的照片,都展示在里面。我发现孩子们对这个图片展特别的感兴趣,因为在里面可以看到很多毕加索的生活场景,他穿着海魂衫,跟他那些好朋友、女朋友一起喝酒聊天钓鱼什么的,还有穿着斗牛士的衣服去看斗牛的形象。

▶图6-10 图片展

孩子们对艺术大师多姿多彩的生活反而更感兴趣,所以后来我们就带着孩子在图片展这个地方多停留一下,这里很清静没有游人如织的场面。大家看到毕加索那么

丰富多彩的生活,然后非常主动地去临摹了毕加索的肖像。

▶图 6-11　毕加索画像

这张照片,这个小朋友选择的是毕加索赤裸上身不可一世的这样一个很成功的艺术家形象,我觉得他画得特别特别的生动,把大师气质都画出来了。

这样一个参观展览的历程,你说是成功的吗?把判断的权利留给大家。其实不在于你是不是看到了每一幅最著名的作品,你是不是看到了所有的展品,只要在这个展览当中你有自己的收获,你看到了你觉得有趣的东西,而孩子从他的角度发现了一些大家没有关注的细节,我觉得都是很好的体验。

如果说我们一定要做些什么的话，我想就是帮助孩子建立与作品的联结，这个联结不是生硬的，不是你必须膜拜的，而是尊重孩子的个人兴趣，就像贡布里希说的："我认为喜爱一件雕塑或者喜爱一幅绘画都有正当的理由。"

如果有这样好的心态，去美术馆就不是一个负担，而是你深入和孩子了解彼此的一个契机，你们不妨都把自己真正的对于艺术品的想法讲出来。

很多父母也经常问：

5. 带孩子去美术馆需要准备些什么？

A. 要了解展览的整体背景

B. 要知道艺术家的背景

C. 要提前搜一搜艺术品的图片来看

D. 要跟孩子一起制订一个出行计划

E. 查一查周围有什么好吃的

你觉得呢？

估计看完这几个选项，了解我的同学们一定知道，我会觉得 E 是很重要的。好像我已经把美术馆附近或者里面有没有好吃的当成评判的重要标准了。

在一个我们常去的著名民营美术馆，曾经的咖啡厅水准相当不错，看完展，我喝咖啡读书，两个孩子喝果汁吃果粒，一个读书一个画画，那才是周末下午最正确的打开方式啊。我们对这里记忆犹新，记忆包括展览，也包括到嘴巴里的食物和饮品。但是有一次大儿子在附近踢球我有两个小时空闲就带着小儿子随便去看看有什么展览，却被明显更换了低品质承包商的咖啡厅恶心到了，服务极差、东西难吃，同样对这个展览也完全不想再提起了。

相信你的孩子也同意这一点，提前查到有什么好吃的才是需要好好做的功课啊！

我们作为父母带孩子去美术馆，我觉得不需要那么辛苦地去查遍美术史上所有关于艺术家的作品了解他的生平，能做当然好，但很大的可能是我们没有那样的时间，也没有那样的一个专业度。即便没有准备，去到那里再有更深的、一个直接的体会也是可以的。

因为去到美术馆里，更重要的是跟作品产生直接的关联。而且就像我们读书一样，不同的年龄和阅历读同一本书的感受是完全不同的，艺术作品虽然没有变，我们的心境和当下的理解力都不一样。没有必要让孩子和我们完成一样的"欣赏"。其实孩子们是靠直觉来体验思考的，而伟大的艺术作品，没有一颗赤子之心，又如何能够真的与之亲近呢？

如果很小的孩子，你跟他讲了很多艺术家的事情，他有的时候反而会觉得好啰唆呀，又是一个你们大人觉得很了不起的事情，那跟我有什么关系？所以这个度应该怎样去把握，不是说什么都不了解就直接去就是最好的，我的意思是要把握一个尺度。不必一股脑地让他了解所有的背景，在关键处把他感兴趣的关键信息适时提醒就够了。

孩子以前的艺术经验如何，观展经验如何，兴趣在哪里，作为父母是最清楚的。我们准备多少跟孩子沟通多少，还是说让孩子自己去寻找资料。如果有余力的话，可以根据对孩子的了解提前做一个准备。

至少我们不要变成那些拿着目录，对着作品查阅、听介绍的观展人群，就是贡布里希形容的"短路现象"。恕我直言，很多不懂得儿童的所谓艺术教育人士就在大量重复着这种脑力短路的美术馆教育。对于父母而言，所谓"专业"的导引还很能接受，但对于儿童而言就是受罪。所以不如由我们作为父母带领着，用他们能够接受的方式到美术馆逛一趟更有趣。

很多时候孩子们为什么不喜欢去看画展呢？很重要的原因是这些作品都是很静态地挂在那里，如果不深入进去就会觉得没什么意思，枯燥无聊。那怎么办呢？我们就让他看画的过程变得好像有趣起来，像玩耍一样。

大家也可以参考做个取景框带着。一张硬卡纸中间挖空，大概边宽二三厘米的一个边框。这个取景框就很像很多艺术家创作的时候会用手去比画一个框，然后确定到底什么样的一个角度和构图，也好像把这个景色当成图片一样切割一下。取景框就是这样的作用，让孩子可以通过不同的角度近一点远一点，或者通过局部来看这个作品，当然也可以用手比画，总之让他手里也有点事情来做。

6. 更多看艺术的方法

类似的方式还有，比如让孩子在不同的距离看一幅作品，远、中、近，有什么不同的发现？或者分别闭上左眼右眼来看一幅画，有什么不一样的效果？这些都是通过让孩子自己以不同方式探索一幅作品。再比如他可以用单脚站在一幅作品前，看哪一幅作品让他更有定力。只要这些方法不至于影响到展厅的秩序，能够保持安静和低声地完成，只要这些方式让孩子可以在作品前停留以及关注作品的时间增加了，就对他和艺术的关联提供了更多时间。

▼图6-12 这也是艺术？

Eric 艺术评论法

还有一个玩法我推荐给很多朋友，他们都觉得挺有意思。图6-12这张照片，就是我带孩子们去看了好多比较当代的展览。在这样的展览中就有一个问题发生了，图片上孩子正在看的作品还有过一个被记录下来的对话，发人深省。据说曾经有个父亲给女儿解读说这个作品表达了新娘的快乐，可是女儿说可是她好像并不开心，很伤心。很多当代作品，观者仁者见仁智者见智。带孩子去看这样的展览有意义吗？如果作品不是传统意义上我们能看"懂"的，很像或者很美？或者这到底是不是艺术？

无论哪一种展览，背后的学术价值和意义怎样，我们不如"赋权"给孩子,他们可以按照自己的兴趣去看、去体验。即便有人或许会说作品没有深厚的文化内涵或看上去是在胡闹,孩子们却自有看待艺术的幽默感,这样的展览反而更适合孩子们去看。

在写这段文字的这一天上午我就带着小儿子去看了一个由央美实验艺术系院长、著名艺术家邱志杰主导的一个实验艺术展——"邱注上元灯彩计划"。依据明代作品《上元灯彩图》为蓝本,从2010年开始临摹,这幅明代的古画展示了南京地区元宵节的节日场景,而这个展览基本就是

▼图 6-13 这堆破烂真有趣

通过实验艺术的各种当代材料组装的作品来"重现"这个庆贺的场景，据说这个计划还会不断地延伸出更多的内容，比如历史剧推演计划。而这么庞大的实验艺术项目在孩子们看来并没有那么沉重，是否有学术性也不是他们关心的内容。和展厅里另外几个小朋友一样，他们东瞅西看，对盘子和碗做的轮子，以及吊在空中养着金鱼的鱼缸装置很感兴趣，不停地告诉家长他们有什么新奇的发现。

当然也有个"赋权"的形式，让他们可以自由地表达出自己的看法。我们去看这些当代作品的时候，可以用不同的手势的方式来表示，毕竟旁边有严肃的保安和工作人员，你大声说这个作品好垃圾也是不好意思的。不妨用艾瑞克艺术评论法，还记得我那个工程师朋友吗？

艾瑞克的艺术评论法，喜欢就是点赞，不喜欢就是大拇指向下，那再来个马马虎虎吧，就是看着还行，就那么回事吧。总之就是我们不仅可以用语言，也可以鼓励孩子用很多的方式在美术馆里是有事情做的。

艾瑞克评论法还可以继续延续下去。曾经常用的一个例子，我们带很多孩子去中央美院的一个毕业展，毕业展上形式就比较丰富，艺术家比较年轻，相应的资料背景也比较少。这些年轻的艺术家很多作品想法还算新鲜，有些作品的想法还蛮有趣。我们带孩子去看了之后,孩子们就在不同的作品前面开始拍照,喜欢的、不喜欢的、也就那么回事的,等等,父母把这些照片发到朋友圈去。然后招呼更多的朋友来讨论和回应。我觉得可以把这些评论互动去讲给自己的孩子,这样从另一个渠道来了解不同的人对你喜欢的作品、不喜欢的作品他们有更多的看法,让观展的体验延续。这样的一些对话对引导孩子去进一步提升艺术批评、批判性思维都是很好的训练。

▼6-14 自发的数数活动

在艾瑞克艺术评论法的使用中，还有很重要的一点是父母也要真实地表明自己的态度，当然不是用自己的"权威"影响孩子，而是很真实地把想法跟孩子交流。如果是传统上比较强势的父母，就要稍微注意一下自己的表达方式。

保护儿童自发活动

再讲到去看向京的这个展览，我们在看了两层之后孩子们都已经有点疲惫了，因为他们除了"看"，实在是调动了太多情绪表演。比如去做即兴的动作跟不同的雕塑来对话、摆造型。比如雕塑是愤怒的表情，就瞪大眼睛看我们两个谁更厉害，或者一个庞大的蟒蛇张着大嘴，他们就试图把头伸到里面去，有面对着大厅柱子低头沉思的雕塑，他们两个就并排沉思一会儿……玩得很开心，但是展出的作品实在是太多了，敬业的艺术家吸引来了两个敬业的观众，孩子们自己是可以在这个环境当中边吸收边创造的。

当我们去到展厅三层的时候，看到一些新的作品。就是这种有点像叠罗汉一样的杂技表演，有很多很多的表演者摞在一起，当然就有很多只手很多只脚。我就发现本来有点疲惫的小朋友发现了自己的新玩法。比如说我的小儿子他那会儿刚练习数数，他就开始一直数到底有多少个头，有多少只手、多少只脚，数完一组又数一组，然后大儿子也一起加入进去。

虽然我们在上三楼之前已经决定赶紧离开去吃点东西，但我觉得如果孩子们自己发现了一些事情做，比如数数、比如我想换个角度去再看看，我们没有必要打断他，在这些自发地"找乐子"的活动中，他们用自己的方式基于自己的经验和作品产生任何的对话和互动都是非常好的体验，哪怕那个活动本身和艺术作品没有那么符合"艺术"的主题。只要孩子是在跟这个作品产生关联，他自己生发出来一些事情在美术馆里面去做，我们不妨就慢下脚步来跟随他的节奏待上那么一会儿。

7. 艺术零基础父母必备的三个观展秘笈

接下来特别想给大家推荐三个秘笈，在世界上比较主要的美术馆公共教育的部门，他们都会用的一些关于美术馆教育的一些理念，所以把它叫作从卢浮宫到 MoMA 都会用的艺术教育秘笈，不仅听上去很厉害，更适用于每个没有艺术基础的普通人。

在《生命合伙人——美育从妈妈开始》当中也有一定的章节介绍过这个内容，在我的全国巡回讲座当中，我邀请了很多父母来练习这些方法，发现还是需要用点时间好好地再普及一下。

这三点,一旦掌握了,融会贯通了,带娃去美术馆真就像逛超市一样简单。

跨学科

多感官

探究式

秘笈一:跨学科

什么叫作跨学科呢?我们来看图6-15这张照片,这个作品出自一个叫作郎世宁的画家,他的作品的名字叫作《乾隆大阅图》。那可能很多人不知道郎世宁是谁呀,他还是个外国人,唉,他怎么还画乾隆啊?

但是如果通过这个跨学科的方式,你就会知道,即便你的背景不是艺术专业的,你不知道这些知识层面的东西,每个人都有自己的兴趣所在,自己的专业的一个领域,还有自己的特长所在,所以不同的人可以从不同的角度来跟孩子一起谈论这件作品。

举例说,如果你对艺术不了解,但是你可能对生物、对动物很感兴趣,你可以从这个乾隆坐骑马匹的品种开聊,比如他的皮毛或者其品种,这些都是很好的一些谈资。

换句话说,你可以从任何一个角度切入跟孩子来谈论艺术，这就是跨学科，而不是只有学了艺术史你才能跟孩子谈论这件作品。

无论你谈的是马还是他背后的风景，只要你跟孩子在这个作品前面驻足了、交流了、观看了，有这样的对话，孩子在某种程度上建立了跟艺术作品的关联，这个看展就是成功的。

在了解了跨学科的方式之后，你都可以大胆地带着孩子，放下焦虑走进美术馆，看到任何的作品，都可以从自己的角度、自己擅长的领域找到话题来跟孩子交流。

▶6-15　乾隆大阅图

面对这样一幅作品,你会如何和孩子交流?从你最擅长的学科和话题开始吧!

秘笈二:多感官

我们一直说孩子是开放式吸收的心灵,而他的五感是打开的。打开的是什么意思?就是他不仅仅用听觉来吸收一些知识,那是课堂上的灌输。他也不仅仅是用视觉来看,他的感官是非常开放的,比如说他的触觉,当然不是说你进到美术馆要摸一个东西,这是不可以的,还有他的整个肢体,所以他是全方位的,都是通透的。

▶ 图 6-16 拜见狗狗大人

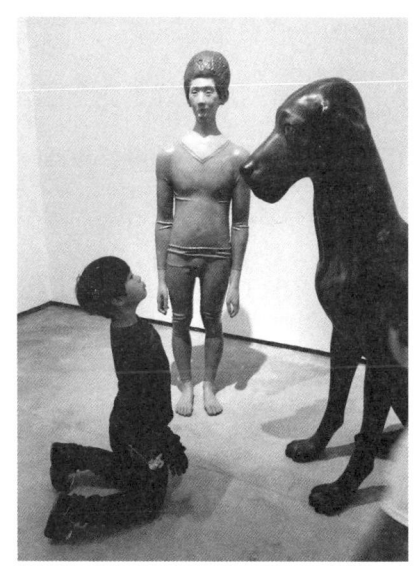

还是以向京的这个文献展做例子，图6-16就是超级爱狗的大儿子和雕塑作品的互动。在看到这些雕塑作品的时候，他们主动跟这些作品产生关联，因为他知道了这件雕塑里面的人物他的状态是什么，我要跟他对话，或者说有的作品有一个什么样的动作，他们会去模仿哪样的一个动作。

这个过程对孩子来说就是看展的一部分，如果孩子较少去美术馆，父母可以在带他看的过程中和他一起做些什么，和作品产生互动和对话。模仿动作不是目的，而是要完成互动，孩子们就必须去很关注、很细心地看这个作品是什么样子、什么情绪，里面表达着什么，他才会有一个相应的反应去互动起来。

多感官的意思就是充分了解儿童的学习模式，尽可能用不同的方式让孩子感受和理解这个作品，并且和他对话。

在带孩子去美术馆的过程中，对作品的评价没有对错之分。图6-17是我带着孩子在中国美术馆的一次展览中，他们对一幅作品产生了视觉的错觉，在这个比较图案化的印度作品中，两个亲吻的人的面部空间形状他们觉得很像孙悟空，两个人停下聊了半天。这样的停留和交流并没什么不妥，人总是有自己的一些视觉经验，大脑也会捕捉和联想到最熟悉的形象。

▶ 图 6-17 窃窃私语乱评画

秘笈三：探究式

探究的是什么？也就是探究式的提问和探究式的对话。探究式的意思是不给出一个唯一的标准答案，而是在这个谈话的过程当中提出开放式的问题，引领孩子不断地去思考，不断地提出自己的问题，让这个对话持续地进行下去。

曾经学习新闻专业的我会很自然地把这个和采访中的"开放式提问"结合起来，也就是别把天儿一下聊死了。水平差的采访者就容易这样，闭合式提问的尬聊，比如"你觉得这个好不好看"？"好看""不好看"，然后呢？然后就没然后了。

这件事情听上去很简单，但对我们这种比较应试考试一路培训下来的家长来说反而挑战更大。我们不妨在生活当中培养自己这种探究式的提问和交流的能力。在孩子们很多的交流当中，我们可以让对话持续地进行下去，非常平等地探讨，会生发出更多新鲜的、有趣的话题来。这样的话也会让亲子关系建立一个更有深度、更有厚度的关系。

在我去各地讲座的过程中，我邀请现场的父母做些小互动和练习，发现这个对话难度的确有点大。我之前会放一些知名的作品，但发现能查到的信息太多反而扰乱了大家的练习。后来改变策略，换成了图 6-18 的一幅画。

一位来听讲座的爸爸参与了互动，他假设就站在这幅作品前跟孩子对话，很典型的一种"知识"传递型交流，"你看这幅画，这是一幅工笔画，应该是中国画的山水画……"至少以对男孩子的经验，应该早就跑开了。

这位父亲应该对国画的知识其实并不比普通人了解得更多，但是因为要传递知识，要用已知的概念来试图"解释"作品，反而用一种无趣的方式传递了错误的信息，孩子跑开未尝不是一件好事。

我们就这幅画是不是工笔画产生了歧义，就他的经验来说，他认为"这幅画就是一幅工笔画"，并且举出了各种

"证据"来说明。可是对这幅作品我是有发言权的,原因是我告诉他"这幅画是我画的"。

▶图6-18 我的山水创作

为了孩子的成长,我们希望把自己的学识知无不尽地告诉孩子,就像这位父亲在假设的对话中努力传递"绝对正确"的"知识",效果却适得其反了。

普通人不可能对所有的艺术知识都了如指掌,传递知识也不是去美术馆的唯一目的。和作品有交流、放轻松、有的聊,是接近艺术的第一步,我们其他领域的知识储备、热情的研究也都可以在对话中充分展开。

8. 干货:以不变应万变的美术馆 tips

讲了这么多,如果你还是觉得带孩子去美术馆,我到底应该做些什么?应该做哪些准备?是不是应该做了很好的攻略,或带了哪些道具啊、取景框啊什么的,准备好哪些话题我才能去呢?如果还这样想,那你真的太紧张了。

干脆我再给你几招这个撒手锏。三个小小的以不变应万变的逛美术馆的提示,不管你去什么样的美术馆、去什么样的展览,这几招你可能都会用得上。

第一招,百看雕塑。

找一个雕塑作品,从三个不同的角度去看看它有什么不同,然后可以把它画出来,再让孩子去发现,画得又有什么不同?这件事情其实大人也可以跟孩子一起来做,对比两个人画得有什么不同。

第二招,找图案。

在艺术作品上寻找图案。这件事情甚至在你走出家门之前就可以开始了。在这一天里你都可以在路上、在建筑上、在同时看展的人的衣服上去找图案。

找到不同的图案，把它画在纸上，放在同一张纸上，看这一天里一共发现了多少个不同的图案。

第三招，光影游戏

寻找墙上和地上的光影，然后看他们创造了什么样的形象和图案，然后把它画下来。

这一招在家里也可以跟孩子一起玩，画下形状之后，可以让孩子把这个形状进行一些装饰。

小结

回顾一下这节课，为什么要带孩子去美术馆？我们带孩子去看什么样的展览？什么样的美术馆之旅算是成功的？问题很多，一头雾水？

1. 只要记得重要的是舒适度，不过度关注一次展览的收获和成效，而是养成一个去美术馆的习惯，和美好的记忆和情绪关联起来。对孩子而言，这是一次愉快的、值得重复的出行，愿意一去再去。

2. 与作品直接产生联结，而不是贡布里希讽刺的那种只关注知识的"大脑短路"现象。单纯地体验作品，艺术就在当下、就在眼前，和孩子真实的情感互动和交流，包括你的喜好厌恶甚至困惑，让孩子去做选择，让他与艺术相遇，享受乐趣。乐趣虽然简单，但其实非常难得。了解不同阶段孩子兴趣不同,不要用力过猛。

3. 来自 MoMA、卢浮宫这些国际公共艺术教育机构的经验,我们只要掌握关键几步,牢记几个关键词:

跨学科——你无论是什么样的背景和专业,一定都可以跟孩子谈论艺术作品。

多感官——用孩子开放的感官去开放地体验艺术,亲近艺术,换角度。

探究式——用开放的心态和方式去跟孩子进行交流,让话题的话题绵延不绝,继续下去。

4. 当然也不要忘了解释美术馆的原则给孩子,比如为什么这片空场地不是用来跑步的,要保持安静。

家庭实践

练习一：纸上谈兵，制订一个美术馆之旅的计划

意思就是可能最后没办法成行，但是至少我们努力过、计划过。

这个计划都包括哪些呢？

首先，要不要去，要跟孩子一起讨论，这是很重要的。

其次，去看哪一个？什么时间去？怎么去？需要准备什么？有什么困难需要克服？到了之后具体做些什么？这些都可以讨论。

以上这些都是建议，我们可以根据孩子的年龄和兴趣来决定，但是至少对没有去美术馆经验的父母来说，你也知道在一段时间之后可以时不时地去了解一下，在你邻近地区的这些美术馆、画廊里面有没有合适的展览去看。

跟孩子第一次来讨论一个这样的话题，不是你带着他去，而是你们一起要去。

还记得吗？就像我们在布置艺术家工作室环境的时候，孩子也是整个计划很重要的一部分。

另外别忘了啊，那个展览附近有没有好吃的，一定要查明白。

练习二：开始行动，美术馆说走就走

前面已经纸上谈兵了，现在如果有机会的话，不妨把这个计划付诸实施，找一个天气晴好的日子，带着孩子一起去按照你们的计划到美术馆里去体验一下。

当然了，如果你还没有时间制订计划，也完全没有问题，我们说了这是说走就走的美术馆之旅，没有那么多的顾虑，没有准备可能会收获很多的惊喜。

在作业当中很重要的事是你去觉知到整个过程当中都发生了什么，去把这个过程当中发生的不管是成功的不成功的、愉快的不愉快的，各种的对话和体验都真实地记录下来。

很可能这个记录比你去到美术馆更有意义，只有这样不断地记录和复盘，你才更了解孩子真正的喜好是什么，跟他的沟通时有哪些错位的地方，我们怎么样去把下一次的美术馆之旅完成得更愉快，去留下更美好的记忆。

期待大家带着孩子们玩儿起来，期待大家可以到美术馆去收获更深厚的亲子关系，跟孩子更紧密，跟艺术建立更深刻的关联。玩得开心。

实践案例

泡泡糖酸酸甜甜：冷门展览的意外体验

周六听完亚楠老师的讲座，逛美术馆就像逛超市一样，正好查到家附近的美术馆——韩美林美术馆，还是免费的。马上收拾东西，带上俩宝出发，到了才知道没有那么近，不过真的不虚此行。

路上一听说去美术馆，姐姐有点抵触情绪，说不想去美术馆不想看画，还是去游乐园吧。然后又说妈妈带妹妹去吧，我和爸爸去别的地方。告诉她那里很好玩的，不是只有画，有雕塑的（查地址的时候简单了解了一下）。

问，雕塑是什么，答，雕塑就是捏个很好玩的玩意儿。

到了地方还是不太想去，爸爸说我们都去，你要是不想去就在外面玩吧。走到门口，看到有石狮子竟然还有个特别小的，这下抓到她的兴趣点了，她主动要求进去了。展览馆门口有个长长的木质栈道，也是她喜欢的，更高兴了。

带着她的小兔子，一进展览馆就看到一个亮闪闪的雕塑，马上跑过去说好漂亮。最近正喜欢亮闪闪的东西。孩子还是喜欢立体的东西，还可以触摸，感官比较好，这个美术馆正好满足了。

有个凤凰的雕塑，姐姐说，这是只鸡，尾巴挺漂亮。那些盆盆罐罐的，因为颜色亮丽造型优美更是吸引孩子，说这是醋壶，扁扁的茶壶，还有个大碗。这个大盘子盛饭我可吃不了。展馆人很少，碰见有临摹的小朋友，还特意跑过来告诉我，我最喜欢这个碗，像宇宙。好丰富的想象力。

看了快一个小时，就有点累了，说太多了，看不过来了。那好就出去吧，出门的路上竟然对舞蹈的雕塑很感兴趣，又看了一会儿，说这个女孩不穿衣服，衣服好少，比我的裙子还短。她果然和大人的眼光不一样。还跑去数有几个跳舞的小女孩。

出了展馆，门口爬台阶，姐妹一块儿爬。又看到一片石子,捡到一个带花纹的,说是只有这一个,开心极了。这次的美术馆之旅完美谢幕。

　　总结一下,立体感强,能摸得到的展品比挂在墙上只能看的画更吸引孩子。这种没什么人的冷门展览,体验感更好。

依依说:这次"美术课"她喜欢

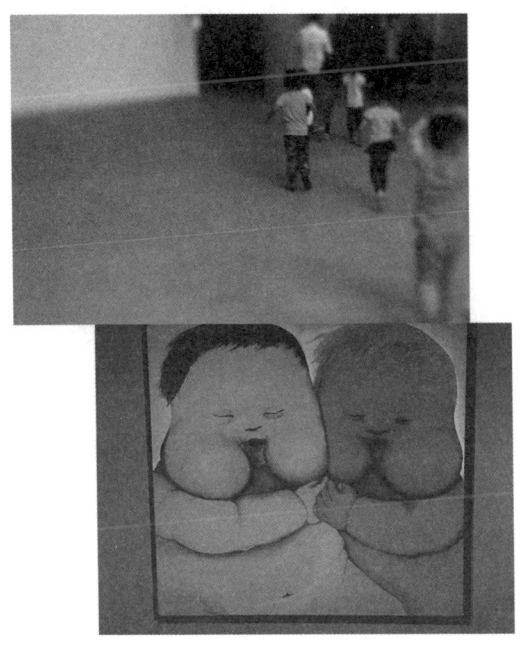

听了亚楠老师的第三次课，觉得自己带孩子去美术馆的频率太少，立刻搜索近期的画展、艺术展信息，设置好日期提醒。

正在做计划时，正好美术课有活动，依依和妈妈与其他小朋友、家长们一起参观了一次美术展。

前一天晚上，妈妈告诉依依第二天要早起，因为看美术展的地方离家比较远。依依果真记下了，早上六点半就叫醒了妈妈。

看完展览后，妈妈问依依，觉得哪张画好看。依依对一张猛犸象的画感兴趣，告诉妈妈，这次看到的猛犸象不是骨头化石，还有皮肤。看展览、画画，花了一上午。之后，妈妈带依依去吃了顿大餐。晚上，依依说这次美术课，她最喜欢了，下次还想来。

这个评价也让我挺惊喜的，我想，可能是整个过程，给依依的感觉是非常愉快、放松的，让她有了一次美好的体验。这是一个好的开始，以后我们会继续给孩子好的看展体验！

关注孩子和艺术亲近的舒适度！

偶然经过一个地方,知道那里有个儿童艺展,但没有带孩子进去,因为我想做好准备。

我把亚楠老师的"逛美术展像逛超市一样简单"的课好好听了,做了些准备:比如自己制作了个"取景框",然后带着孩子出发了。

没想到,进去后,孩子很喜欢,我在参观的当时就忍不住发照片在社区动态里分享了。那天看了儿童艺术展、新海诚展,还有个生态展,整个过程孩子很高兴,我精心准备的取景框也没用上。

晚上睡觉时,我问儿子开心吗?儿子对我说了一句话:"妈妈,我以后不想去那个地方看展览了。"我很震惊,我一边问为什么？一边迅速想哪个环节出了问题。

儿子说不想说，我问："是展览吊车起重机那个地方，你想摸摸那些车，有叔叔过来喊你不要碰吗？"他说是。

我继续问："你在外面等生态展时，你在一块石头上玩自己的车车，也有个叔叔过来喊你不要在那里玩吗？"他说是。

我现在明白我犯错了：

1. 亚楠老师在课中反复提到以孩子舒适度为准，我做得不够，我没想到儿子两次不同行为被拒绝，让他有了不好的体验。我当时站在大人立场觉得没什么。

2. 害怕儿子不去，对场馆规则采取了淡化方式。我应该对儿子正确树立展馆规则意识，展品就是不能触摸的。

3. 我不够勇敢，没能及时站出来保护孩子。在一个休息区等生态展时，儿子在一块石头上玩自己的玩具车，既没有破坏环境/东西，也没有干扰他人，也不存在伤害自己，我是同意的，我不知道有个服务生为什么要制止。我没在意，所以当服务生制止时没有及时站出来保护孩子，至少我可以问为什么不能在一块普通石头上玩的原因。

第七课

影响他人：成为家庭美育的传播者

　　第七节课是出版前增加的，源自很多人的提问："我还能做什么？"

　　在一个个课程不断打磨、沟通交流的过程中，有越来越多的人开始加入，直到我们推出了"家庭美育导师成长计划"。成为家庭美育的传播者，终于有了清晰的方向和入口。

1. 成为家庭美育导师

未来已来，美育成为教育的刚需。在很多的演讲中，我都用这句话来结束，这是警醒也是期待，所谓费尽心力要给孩子的其实不过是可以好好生活的能力吗？——"美和艺术的教育是生存与生活的分界线，也是我们留给孩子的另一个DNA，不仅生存，更要过丰富的有意义的生活"。

从原始时期到农耕时代，从工业社会再到信息时代，如丹尼尔·平克所言，人类社会已经进入"创感时代"。

人的历史上第一次，创造力、感受力，这些作为独一无二个体的软性实力成为衡量一个人存在的价值标准。未来已来，如何帮助孩子准备好，去面对不确定和未知？

我们手头筹码不多，唯一确定能够做的就是——用美和艺术的教育，激发孩子与生俱来的创造力和感受力，成为内心强大笃定、面对多元文化和观点兼容并蓄，且具备批判思维能力，能沟通、善表达的个体。

摆在面前的障碍有三个。

（1）功利化的教育目标以及塑造焦虑感的教育市场

学校是在工业时代需要大规模统一规范的流水线人才而出现，父母对唯分数论即便不满，却依然有巨大的影响。市场行为不断制造焦虑，抢夺儿童时间，压缩美和艺术的存在空间。

微米 第 1 天
2017-07-20 23:58

第一天1 很高兴参加亚楠老师的家庭美育课程，我也是一个在路上的实践者，春夏秋冬，四季变换之美，落在我们脚边，藏在我们身边。

群组 戴亚楠-家庭美育

微米 第 10 天
2017-08-16 23:51

作业之整理孩子的作品1 整理宝贝的作品，挂墙上。给孩子一片展示的空间，当初家里装修，我跟老公一致同意全白，考虑孩子肯定会乱画，全白就是最好的画纸，也为孩子准备展示的墙，孩子的画其实平时都有整理，而挂上墙有时候是一个小小的仪式，让他能够知道如何珍视自己的作品。以上是孩子在对称画游戏中完成的蝴蝶。他特别喜欢用黑色，虽然出于成人绘画的理论我并不建议在画中用纯黑，不过孩子每次都坚持他最喜欢的颜色是黑色，我没有阻止，只是很好奇为什么，虽然也许没有答案。收起

微米 第 13 天
2017-09-24 23:39

跟进打卡，
关于大自然，有说不尽的秘密，我常常被大自然一切奇妙的细节所震撼，当你仔细看每一片树叶，每一片云，或者每一个贝壳，乃至万物生长的一切，一定会醉心于此。所以常会带孩子去亲近大自然，不仅是美的享受，还是内心力量的来源，把心安放在大自然。

微米 第 14 天
2017-11-05 22:24

很想玩一次叶子拓印，因为叶子作为千变万化的个体实在是很美。今天终于有机会来了，天气很好，心情也很好。先去外面玩了一圈带了素材回来！拓印一开始尝试了水彩颜料发现太淡了，很难展现比较清晰的纹理，后来直接用水彩颜料涂抹在叶子上，再拓，感觉效果不错！孩子也有兴趣。装框了！打算挂起来！

月月妈妈
2017-08-17 19:57

今天终于把第一次课的作业完成啦！孩子一岁七个月，操作起来不容易，但是作为一个零基础的妈妈，我可以在这个过程上自我修炼，先做更好的自己，做更好的妈妈，在美育路上不断修炼

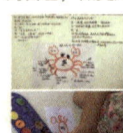  

月月妈妈
2017-09-27 22:33

绘本共读+家庭美育=最美亲子时光❤️。最近经常出差，孩子对妈妈的依恋与日俱增，常常拉着我的手说"一起玩一起玩"，四目相视时候仿佛我们能读懂彼此哈哈哈 #其实绘本也是家庭美育的一方面，戴老师说一本本绘本本身就是一场场画展式的视觉盛宴#

月月妈妈 第 19 天
2017-10-29 13:39

一家人轮流生病，好久没打卡了。晚饭吃了贝壳，吃完后我提议留着贝壳给它们画漂亮裙子，宝宝爽快答应了，于是有了下图。把贝壳固定住之后，孩子说要画小鸡球球(绘本角色)找贝壳，还有要画瓢虫，树叶，和花花整个过程宝宝基本是在报纸上乱涂鸦，还有跑开几秒，又跑来看看我，又自己倒腾一下

语宸 精华
2017-09-20 18:05

#家庭美育# 妈妈给你表演下雪好不好？好！👀

语宸
2017-09-23 08:05

#家庭美育#作业之走进大自然，自从看完《爱捡石头的小石头》话剧后，就迷上了小石头。晚安，小石头。（蟹壳边缘太尖了，后来又用粘土把尖角覆盖了一下。）

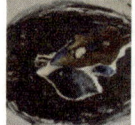 

语宸 第 1 天
2017-10-01 23:35

爱做梦的小蝴蝶~（攒了好几个卫生纸芯，打算接着改造一下）

语宸 2017-10-10 23:06

#家庭美育# 从前也画过叶子,但也就是止于大致形态还有色彩。这次坐在小院里画叶子的时候,才仔仔细细认认真真真的去观察一片叶子。叶脉的走向远不是是简笔画中的三两笔,是变化万千,有她自己的生命细节,也因此充满了生命力。同这半片叶子专注的独处,观察、描摹,却也真心的喜欢上她。连那些孔洞、残缺都变的异常可爱。

带一本书去巴黎 第9天 2017-10-16 22:42

最近老师讲了达芬奇与蒙娜丽莎,那我们就在家里来一个小小的特展吧!除了我们最熟悉的那幅卢浮宫的蒙娜丽莎,还有很多很多有趣的呢!比如达利,杜尚,还有安迪沃霍尔……他们都创作过自己的蒙娜丽莎,最后小朋友也画了一幅,她说叫做《三岁的蒙娜丽莎》😄😄

语宸 (精华) 2017-10-12 02:08

#家庭美育# 跟小朋友用快递盒做了大海沙滩,买买买毛衫的季节开始怀念夏天的海边。⛵等到明年的夏天小朋友又要长大一圈了。享受一块聊天做手工的小时间。

带一本书去巴黎 2017-10-26 21:41

#家庭美育# 语数英音之外,我们还需要视觉艺术的慰藉[机智],本期梵高特展,策展人是Emily易,根据她的策展分布,我们很容易看出她的喜好。The bedroom引起了她极大的关注,"为什么这么漂亮的房间里没有人住呢",于是很体贴的给梵高画了一个长睫毛的女朋友[偷笑]

语宸 (精华) 2018-01-09 13:12

北京没下雪,那就先玩一波纸片💤

带一本书去巴黎 精华
2017-10-28 23:41

#家庭美育# 我们就这样捡起了秋天
我们就这样留住了秋天

 赵照 第 1 天
2017-07-20 18:01

投入1 孩子的工作台,这样的画面很幸福。

 赵照 第 4 天
2017-08-11 03:56

变化1 湿水彩的晕染,在玩的过程中,看到颜料在纸上的瞬间变化,嘴里发出呀!咦!哦!……的声音,享受在这玩的过程中,感受着这样的美好。

 赵照 第 13 天
2017-10-26 12:21

1、家庭名片、2、插画展3、看剧《猫飞狗跳》4、达利展5、茶卡盐湖6、麦积山7、杨政巡演,其中讲了一个他和自己养的小狗故事,因此为自己的小狗谱写了一首曲子。8、武侯祠9、药店包药和取药的繁忙景象。

 卡卡 第 4 天
2017-08-12 03:14

随时随处的家庭美育1 家庭美育随处,随时都可以进行,
之前从海边捡了好多贝壳,昨天晚上用了贝壳,小鸭鸭和勺子沾着颜色画画,工具的使用越来越随意了😄
今天又拿了好多纸片和蛋糕盘直接就画上了,画了好几张的鱼缸,还有在鱼缸里的兔兔,以及大笑脸,看着还挺像回事的😊

卡卡 第7天
2017-09-02 22:13

家庭美育第二周作业二：空间大腾挪（一）
家里空间有限，关于工作室的布置，今天主要把橙子画画的工具收集了一下，统一放在小盒子里，盒子来自淘宝购物盒，觉得挺貌美，又能装下尚且不太多的工具；但是找遍各个角落都没有发现她的那盒蜡笔，平时总是拿着到处画……
整理好之后，告诉她以后画画都从小盒子里拿，然后画完再收拾好放回去，听了很当回事，出门前很认真得画了一番，然后很强迫症得把水彩笔放在我给她最初放的位置😂

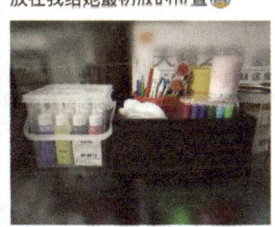

小雨
2017-10-06 22:56

家庭美育 家庭美育自画像

接到作业，思考半天不知如何下笔，最后一咬牙，自拍一张照片，对着照片用签字笔画了出来。

画的时候心情很好，平静又满足，画出来自己也很满意（一看就知道画的是个人！）。现实中的我头发比画中长些，一直想剪但没找到时间，索性在画里满足自己吧！

小雨 第1天
2017-09-16 16:23

马上秋天了，到了落叶最多的时候。姐姐很喜欢在路上捡落叶，我们一起压花压叶子，做成书签。这是前几天做的一些。

我们用冷裱膜把叶子封起来时，膜粘住一张白纸，姐姐看到很不开心，小脑袋晃的跟拨浪鼓似的。我当时其实也暗暗不高兴，想着这样就没透明的漂亮了。可是做完了，姐姐看到叶子有一面没有被白纸覆盖，开心的对我说，妈妈你看，叶子还是很漂亮。… 全文

小雨
2017-11-09 13:06

家庭美育 最近收集了一大堆叶子用来做手工。叶子洗干净，用水跟甘油2:1混合，浸泡三四天。这样叶子的颜色在一定程度上得以保留，叶子的质地也比较柔软。我们用叶子做了大狮子。

糖三角
4天前

生活中处处都是美育。卡牌玩完了顺便摆成小花。吃彩虹糖的时候观察颜色融合变化。玩橡皮泥给家里的洗澡玩具做头发。

家庭美育

泡泡糖酸酸甜甜 第 18 天
6天前

家庭美育作业第五节，轮廓图，今天终于有时间画了，伴随着妹妹的玩具声画了这幅图，自我感觉还不错，估计是无知者无畏。第一次这么仔细看一片落叶的脉络，纵横交错，感叹大自然的神奇，对称和深浅，粗细的分布令人震撼。突然想到，要是用到衣服上面，这图案纹路也不错啊！

泡泡糖酸酸甜甜
13天前

#家庭美育自画像#妈妈坐在桌前画的自己，姐姐看到了也要画，看到妈妈用油画棒，她也要用。之前让她画画基本都是记号笔画完再涂颜色。最近发现我用什么她就用什么，可是妈妈真是零基础啊，只能尽量选用各种材料来影响她。姐姐画完说，这是她，扎着两个小辫子，穿着长长的裙子还有红色的高跟鞋，还涂了口红。长裙子和高跟鞋都是她的最爱，竟然都画在画里，还是孩子比较真实。

 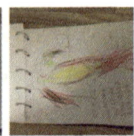

冉小花
2017-10-25 20:35

自从家庭美育课作业#给宝宝布置小艺术家的空间# 把玩具的包装盒和说明书一并扔掉之后，我们的小火车道每次都不一样😀
每次陪娃拼火车轨道内心都会感慨：
　　成人的世界太多的说明书
　　孩子的世界不需要说明书
　　这确确实实是娃带给我的成长感悟，孩子真的是为了成就我们而来，关键是我们自己怎么去看待 娃带来的"问题"❤
　　另外：谁说的火车轨道必须是闭环？再也不会为拼不出闭环而焦躁了！耶！✌收起

Sue 第 5 天
2017-08-13 14:06

#0813# Jurassic Park 1 跃跃看过"侏罗纪世界"电影后的记性创作，第一次在偌大的海报纸上作图，小伙子用笃定与自信驾驭着他天马行空想像中的世界😂

Sue 第 6 天
2017-08-14 13:53

#0814# Shrek mask 1 夏令营作品，爸爸特别指出孩子关注到的细节：里外两层眼睛黑白分明，还画上了眉毛，又图上绿色的脸庞，鼻子，嘴都画的很好，我们的小画家很棒👍

y 第1天
2017-08-01 06:31

家庭美育实践1 一口气读完了《生命合伙人》，很受启发，既有思路也有方法，打算再精读一遍：）
带孩子去草原的路上，和孩子一起观察十种不同的山。孩子的观察力、想象力、表达力都让我吃惊，孩子对颜色、形态特点观察得很准确，让我这个妈妈自愧不如。

y
2017-08-14 11:30

#家庭美育课程第一周作业#
第一项：4岁依依的名片
妈妈问依依：你知道什么是名片吗？
依依：名片就是见到外国人时，挂在脖子上的，让他们知道我是谁的牌子。
妈妈心里惊叹：定义得挺准确啊！
按照这个思路，依依做了自己的第一张名片。妈妈就地取材，剪了张圆形的卡片。依依说她喜欢这张卡片，说可以代表圆圆的脸，就迅速… 全文

艳阳天 九芳 第3天
2017-08-09 02:31

妹妹自制颜料喷绘小❓❓1 晚上忙，没顾上册，就听见她在一旁悉悉索索，不停地咕哝，先是配了花露水给她的娃娃们喷了一遍够，然后又调了颜色水开始作画。自从开始100天美育课，她象开了窍，也用各种画材的尝试。回头得给她张大纸，画个痛快的。

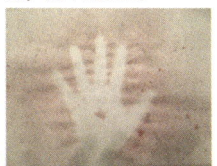

家庭美育第二周作业三：激发灵感
今天把家里收拾整理了一下，发现橙子的小东西越来越多，每一件都是她的宝贝，整理的过程乱做一团，见我在整理，她自己也开始整理起平日里画画的小桌子了，把东西都放在地上，然后拿小刷子一点点刷（新买的小画刷就这样启用了）；
以下是她的最爱，每天都翻腾出来无数遍，撒满沙发和床的宝贝们的合影，各种捡来的小石头，满沙发的毛绒玩具和满书架的绘本，最能激发她的创作热情，既然都是她的藏品，就都留着吧😂

ps:下午去宜家，还自己选了毛绒绒的大熊猫非要结账带回家，不到三岁的小娃已经开始自己购物了😂 想想家里的地方，堪忧哇…收起

#家庭美育# 家庭美育课第三次作业：看展及手帐记录
周末去了博洛尼亚插画展，人多灯光差，不过看到不错的原版书。初一喜欢的插画如图。
因为事前准备少，看展和事后反馈并不是很多。买票很容易，精心的准备比较难，我应该再勤快一点，并且不要小看小孩子，以后关于他的活动要多跟他商量。

#家庭美育# 中央美院100周年展览，现在有意识的带孩子去逛美术馆了，期间还是有点儿急躁。小丫头不记仇，妈妈要反省了。总感觉自己小时候缺乏这些，现在有这个条件和环境了，是自己功利心太重了，检讨。

昨天听亚楠老师的直播，我在画掌纹，姐姐看见了也要画，说不要像我这样的，自己拿手比着画的，画完自己涂颜色。最近涂色不再单一了，以前都是只涂一种颜色的。

#家庭美育课程第三次作业#
听了亚楠老师的第三次课，觉得自己带孩子去美术馆的频率太少，立刻搜索近期的画展、艺术展信息，设置好日期提醒：）正在做计划时，正好美术课有活动，依依和妈妈与其他小朋友、家长们一起参观了一次美术展。
前一天晚上，妈妈告诉依依第二天要早起，因为看美术展的地方离家比较远。依依果真记下了，早上6点半就叫醒了妈妈：）... 全文

#家庭美育# 家庭美育第一次作业，作业2
一、我喜欢用较大的纸给姐姐画画。画完过段时间，作品集中放到地下室的纸箱中保存。
二、我选了姐姐画在睡觉背心上的画很她讨论。姐姐刚开始画的时候，并没有什么目的，画着画着，画出红色跟黄色的短线说是伤口，画了绿色密集短线说是眉头。我一下意识到，这是姐姐无意在电视上接触的内容。我家平时很少看电视，画画前两天换台时，电视上有一位受... 全文

  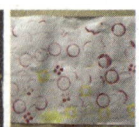

家庭美育第三周作业一：纸上谈兵
晚上把最近关注的展览整理了一下，列出了时间，地点，特点，大概的计划和所能想到的难点，比如韩美林艺术馆有很多雕塑，大家都说雕塑比较适合小朋友去看，我却有些担心，根据以往的经验，橙子对于大个头雕塑有着天生的畏惧感；
把韩美林，中国美术馆和798三个地方的展览照片给橙子看了之后，她表示要去看798的两个首饰展和折纸展，问她为啥想去看这个，她回答：因为我最喜欢😊，我猜是因为只有这个她听明白了：可以看项链和折纸做的花朵😂
好吧，那就试试看吧😊 收起

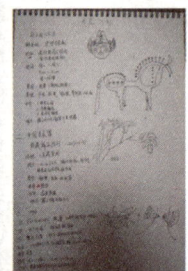

（2）受大环境影响，以结果为导向的艺术教育大行其道

父母作为支付者对艺术和艺术教育不了解，艺术教育者本身的能力和眼界的限制，受外界大环境影响有革新精神的教育者也不得不专注于结果的艺术教学，互相制约。

（3）一代父母和教师都被缺失艺术教育经验

美和艺术的教育不仅仅是割裂的学科，更可以促进儿童全面的学习和成长；家庭作为儿童成长的大本营，更可以从丰富的场景中让美和艺术成为习惯。不幸的是，两个场景中的引领者都没有在成长中自然习得美和艺术的教育。

美育在政策导向中似乎已经成为热门，从点缀到加分"刚需"，美育究竟该如何去？如何不把急功近利违背艺术规律的方式带进来，让美和艺术真正为孩子的成长带来长远而正向的影响？父母和教育者都需要深思。

搞清楚家庭美育的内涵和意义

嗅觉灵敏的教育产品提供者总能第一时间嗅到教育政策透露的信息，从"美育"的热门我们看到大量艺术课程的招募更加受到父母关注。父母根据孩子的兴趣和自身条件选择艺术课程无可厚非，但是作为终生素养形成基础的家庭美育大家不可忽视。

那么不考级、不加分，似乎也不提升具体技能的家庭美育到底是什么呢？梳理一下我对家庭美育的理解，那就是：

在每一个亲子陪伴的场景中，识别美育的可教时刻，用来自艺术、自然、生活中的资源和话题，交流、沟通、创作，构建有深度的亲子关系。

▼图 7-1　戴亚楠家庭美育工作室家庭美育系统框架

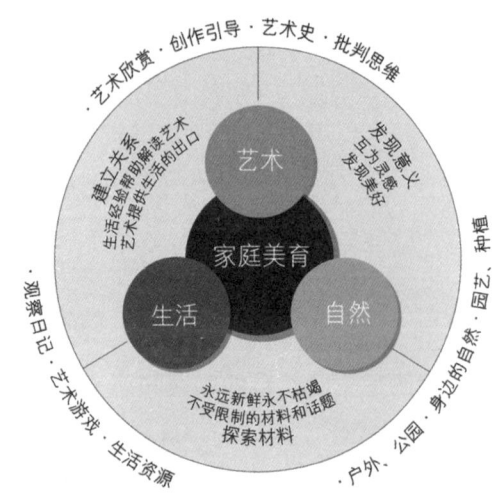

□ 家庭美育就是父母主导的在家庭中进行的美和艺术的启蒙教育。

□ 通过一系列主动观察／交流／探索，构建有深度的家庭亲子关系。

□ 艺术、自然、生活都是家庭美育的资源和通道。

□ 找到可教时刻，美育随时发生。

从美术馆到菜市场都是教育的主场，艺术、自然、生活都是美育的资源

我们理解的家庭美育不仅仅是一个课程、一套体系、一个营地、一次活动,生活即教育,在父母和孩子相处的每个时刻,生活的每个细节里,都可以融入美的教育。

而美的教育又不仅仅是做一点视觉的呈现这个层面,美学是哲学的分支,独立的思辨力更是美育的重要价值。无论身处何时何地,社会、社区、家族、家庭,所有的人、事和物都能够为我们所用,和孩子充分地交流、创造、发现自我,联结社会。而艺术、视觉的创作和呈现,艺术作品,都是用来加深对于世界的认知,以及加深我们彼此间联结的纽带。

在长期研究国际领先的艺术教育、身体力行带领中国父母实践家庭艺术实验、全国近百场巡回讲座、线上家庭美育系列课之后,我把这些研究成果在出版、线上课程当中一一呈现。

越来越多的人说从课程和讲座中受益,作为心存大爱的父母和教育者,他们更迫切地希望加入传播、推动家庭美育的行动中。就像很多艺术教育者无奈地说:"提升父母对艺术教育和美育的理解是最重要的。"

的确,在艺术教育行业的从业者们如饥似渴地从各种流派、各个国家的教育理论和实践中不断升级的时候,却发现,好的艺术教育却未必是中国的家长们能够理解和接受的。因为自身成长过程中美育的缺失，因为唯一标准答案的多年培训，所遗留下来的对于美和艺术的隔阂并非一朝一夕可以打破的。

家庭美育和艺术教育课程并不是相悖的，需要教育者和父母的共同努力，才能为孩子打造一个完整的360度的美的体验。

但我们欣喜地看到，意识到家庭教育才是儿童成长关键因素的终身学习型家长益发涌现，我们也希望有机会带领更多的家庭尽早走出艺术教育的误区，去体会美育的乐趣，去提升亲子和家庭时间的品质。

家庭美育父母导师成长计划

酝酿三年多，终于决定以工作室的方式来推动家庭美育在国内的普及，并推出"家庭美育父母导师成长计划"，为对家庭美育感兴趣的父母和教育者提供更深入的支持。这是第一个系统性的家庭美育父母导师计划，计划分为初、中、高三个阶段，每个阶段的培训和课程陆续推出并且不断迭代。

2018年11月我们在北京举办了第一期初阶工作坊课程，来自全国各地的三十位父母和教育者济济一堂，分享、激荡、共创，并且成为第一批美育导师。

▼图 7-2 美育导师工作坊，共创一幅水墨线条作品

在对外招募中，对于这个第一期家庭美育父母导师初阶工作坊是这样描述的：

课程目标

——系统性地传播家庭美育理念

——培养家庭美育传播的种子导师

——培养具备家庭实践能力的美育父母导师

适宜人群

——对家庭美育感兴趣，对艺术教育有反思、困惑，希望自我提升的父母

——参与过家庭美育讲座和线上课程，希望进一步修

习的父母和艺术教育者

——需要向父母传播家庭美育理念的艺术教育者和儿童艺术项目运营者

——出于任何原因对美和艺术的教育感兴趣的成年人

三天的家庭美育工作坊，分成"与艺术联结""与自然联结""与生活联结"几个板块，理念、实践、创作融汇其中。

在第三天的工作坊课程结束后，大家"现学现卖"组织了一场亲子艺术嘉年华，许多小朋友在新诞生的美育导师们的陪伴下一起玩艺术，场面温馨有爱。

▼图7-3 小朋友参加亲子艺术嘉年华

在谈到"为什么来参加这个工作坊"这个问题时，除了在美育上的精进和学习，大家都说："还特别想来看一看，关注家庭美育的父母和教育者到底什么样？"三十个充满热情的面孔和生动有趣的灵魂聚在一起，把家庭美育这个在教育的各种讨论中很边缘的话题丰盈起来。

无论哪种教育体系和教育方法，儿童和父母的关系都是一个人成长的核心，而有了这个内核，长大成人后才有更坚实的根基：他值得被爱，是值得被珍视的独一无二。家庭美育就是用艺术、自然、生活作为纽带，在和孩子的共同经历中，浇筑这个内核。

有两位爸爸参加了这一期的工作坊，来自IT行业的户外达人爸爸"虫子"，这样总结他在工作坊的学习：

"家庭美育的实质是一种关系。这提醒我们在家庭实践美育的过程中时刻把握的内涵。对于一般家庭而言，比之艺术本身，应重视艺术学习过程中的教育意义，这个教育意义体现在一种高质量的陪伴。

"审美缺失，缺少的是一种正确的批评思维模式，艺术教育的核心是直接的联结，对艺术作品探究式的解读。"

来自青岛的艺术机构教育者陈雅参加过很多艺术教育行业的峰会和论坛，这一次的工作坊让她有不一样的收获，没有焦虑，只有坚定。

她说："我接触过无数的学生家长，从来没有一个团体让我如此震撼。当'美育'这个当下炙手可热的大问题横在眼前的时候，这些妈妈并没有立刻就把这件事情假手于人，而是身体力行地去探究和学习。这种'面对锁，第一反应是寻找钥匙'的思维方式，真的是非常值得学习的。

"这次的学习，让我对'家庭美育'这个概念，有了更饱满和坚定的认知。我会把亚楠老师的家庭美育理念和我的教学进一步结合，让这么棒的理念影响更多的人，为更多的家庭带去美和艺术！"

在工作坊结束之后，美育导师们在讨论群里意犹未尽。而我也希望这次的工作坊只是一个开始，是一场美育盛宴的"前菜"。而不断丰盛这场美育派对的正是每一位"美育导师"。

关于家庭美育导师的发展规划正在形成当中，保持开放的状态，欢迎各位用热情、时间，一起参与进来。可能的形式包括：

——城市美育合伙人：组织所在城市的家庭美育活动，如讲座等

——在线美育读书会：持续性地阅读、交流、解读美

育相关的理念

——线下美育读书会：美育妈妈见面会，交流心得，抱团取暖

——美育导师成长社群：如何传播美育的经验分享，共同成长推动家庭美育

——美育导师中阶课程：持续深入地学习和探究，成为家庭美育专家

——课程分享机制：分享、传播家庭美育系列课程，共创优质内容

——等你来添加……

关注"戴亚楠家庭美育"公众号，获知近期美育导师工作坊培训详细信息。

教育不仅发生在课堂里，更发生在生活的每个角落，父母和主要养育人对孩子的影响更为深远。我们用什么样的态度来生活，如何用美和艺术充盈我们的人生，就是最重要的美育。

2. 寻找最适合自己的学习路径

在知识付费的年代，似乎给了我们一个错觉——只要花了钱就可以买到想要的"知识"。从某种程度上看是这样的，你付了费就可以听到上百种"如何提高情商""如何得

到想要的工作"之类的产品。这种承诺了"快速见效"的学习我们勉强将之称为"学习",而非获得智慧。

对我而言,真正的学习所获得的应该对你有更长久影响和真正的提升,所谓家庭美育希望带给大家就是这样的生活智慧,从而收获更亲密和坚实的亲子关系。

而学习家庭美育似乎没有一个明确类似考级一样的路径,虽然我也做了线上的不同的课程以及线下的美育导师工作坊,对培训的内容已经尽可能有所归类和划分。

原因很简单,且和我们耳熟能详的儿童教育的理念完全重合。

(1) 每个人都是不同的:来到课程的时候,每个人的艺术前经验不同、成长环境不同、家庭氛围不同、学习家庭美育的目的不同(就像我们挂在口头的,孩子的个体差异,在成年人同样如此,且更加根深蒂固)。

(2) 学习的途径不止一种:向书本的学习、向老师的学习、向同伴的学习、向实践的学习。更重要的是除了向外更有向内的探索和学习(孩子的学习也是如此,老师、父母、环境都是他们学习的源泉,而这一切所学又要在他自己的独立探索和思考之后才会在他所构建的世界中占据一席之地)。

(3)成长是螺旋式上升的:探寻许久终于柳暗花明豁然开朗,之后过了一段时间似乎又到了一个"瓶颈",所有的学习似乎都是如此循环往复(孩子们也会在某个时间突飞猛进,一旦我们认定这个节奏,作为父母又猛然发现,怎么突然学会的又忘啦)?

▼图 7-4 美育导师共同创作

了解了以上三个关于学习的基本路径,对学习家庭美育这个方向就不会有急功近利的想法,没有适用于所有家庭和孩子的三板斧方法,除了理念的获取,更多的是把自

己和孩子都置身于"艺术、自然、生活"当中，为彼此提供能量，在真实的生活中一天天共同成长。

当然，我也已经尽可能地整理一系列的课程给大家。除了这个家庭美育必修课之外，正在进行的是一个叫作"妈妈美育研习营"的一年期课程。

因为我发现，很多对美育感兴趣的妈妈一问再问看似操作层面的问题，究其核心，还是大家离艺术太远、太陌生。而一提到了解艺术，各种大部头的艺术史看上去就让人很有压力，什么时候才有"资格"来"教"自己的孩子呢？

"妈妈美育研习营"的方法是，通过四个单元的课程设计，通过自己动手学习绘画，发现自己的艺术潜能。在画画放松身心获得愉悦的同时，欣赏古今中外的大师作品，因为画一点画，我们看世界和欣赏艺术的角度都会不再相同。更加犀利和鲜活起来。

"妈妈美育研习营"是一年的在线课程，面向艺术零基础的妈妈，在上了两次、三次线上课之后，大家都惊讶自己竟然有如此被淹没的才能。而因为自己每天画画的这个行动，也影响到"从不喜欢画画"的孩子一起参与进来。

在第一单元结束的时候，一位妈妈学员的总结非常精

▶图 7-5 妈妈美育研习营学员作品

辟到位,也让我看到找到适合自己的学习路径可以有这样一些组合的模式。

她在总结这个研习营带给她的体验时说:"教育的途径有几种,自学自省是一种,教学相长是一种,抱团互通也是一种,亚楠老师的课设置得很妙,以上三种都有。"

的确,其实即便考上了多么厉害的学校,个人的精进和学习是永远不能停滞的,如何获得资源、独立学习是生活在互联网时代的人的必修功课。在亲身实践哪怕是失败中获得一手体验是自己最为宝贵的学习经历。而向身边鲜活的人来学习,找到和加入一个鼓励独立思考的社群更必不可少。学习就是能量和信息的交换，能够平等地讨论并做出贡献都基于个体的学习和实践体验。这几者都是学习不可分离的有效途径。

遗憾地看到一类学习者，参与了很多课程的学习，也积极地把所学用在"实践"中，头痛医头脚痛医脚，却无法建设性地将之根据家庭具体情况进行调整，要么抱怨理念不好用，要么削足适履难为孩子。

还有一类学习者我形容为"复读型"，花了大量精力和财力在成长和学习上，但是究竟如何将所学用在生活中呢？学习忙到没有时间陪孩子，每个工作坊都参加得痛哭流涕，当问到究竟学到了什么？对所学理论/工具如何理解？却完全听不到自己的理解和体会，只有复述。

每个人都有一条适合自己的成长路径，学习是方法之一，任何一个方向研习下来都是相通的，道理其实就那么多。不思考、不实践、不用在生活里的学习只是一条死循环，原地踏步，学多少理论参加多少工作坊都不会有真正的成长。

我们说儿童的成长最重要的是培养他们的内驱力，成年人的教育也是如此。父母要成长，不是千挑万选找到一套理论或工具就万事大吉。持续不断地迭代自己的认知，保持时代的同步和孩子成长的步调，放空自己，不人云亦云，保持批判的辨识和思考，都是有内驱力的终身学习者的特质。

艺术、自然、生活，都是家庭美育的资源，万物无时不在流动当中，当你读到这里，已经和刚刚翻开这本书的你有所不同，只是你或许并没有觉察。

终身学习不是更辛苦更有压力，而是给你新的视界，去尝试、去探索自己的潜能边界。作为父母，因为养育孩子，有了新的动力去开启探索，是我们为人父母的最大福祉。

关于家庭美育的持续迭代课程，在公众号"戴亚楠家庭美育"里会有最新消息。

3. 为自己营造美育氛围

首选当然是参加家庭美育导师工作坊，不过对时间和精力的投入要求也比较高。营造美育氛围，除了书里面的章节中详细介绍的如何在家庭中打造美育环境，还需要我们和家人以及其他养育人有充分的沟通，从而达成基本一致的理念。

参与家庭美育必修课的一位天津的妈妈，在为孩子腾挪创作空间的时候就遇到了家人的阻挠。他们认为小孩子随便涂鸦不需要这样大动干戈式的折腾,但是经过沟通还是同意了这位妈妈的调整。不过调整出一个小角落给孩子画画,并且挪动了一个单人沙发之后,家中老人无论如何不允许再动另一个沙发。虽然没有百分百按照构想来打造创作区域,但基本也实现了几个功能,孩子也很喜欢。那这样的结果就很不错。

生活在同一屋檐下,环境是最重要的老师之一,家庭美育应该成为大家的基本共识,即便不能添砖加瓦,至少不会成为阻碍。

还有一个例子,在听过儿童的五感是打通的,他们需要吸收好的、有意义的刺激,比如好的音乐和艺术作品。一位妈妈对于客厅一直开着的电视非常恼火,但是因为奶奶习惯于在家里就开着电视做背景音,而这个习惯显然无法一时做出调整。她沟通后的成果就是,把电视挪进奶奶的房间,客厅角落摆放孩子的小桌子和画材,并且时时播放音乐。

每个人生活的环境不同,如何在物质和空间限制的情况下尽可能给自己和孩子一个美育氛围?需要智慧、需要沟通的艺术,但一切都是值得的。

可以做的事情还有很多很多,这里列举了一些立刻就可以在生活中做起来的事情，也要靠你的聪明才智，用更有创意想法来丰富这个列表！

去同一片自然

可以在不同的季节/节气去同一片自然走走玩玩。试着做自然笔记，未必走很远，哪怕就是楼下的一株普通的树，关注了之后都可以在一棵植物上发现整个大自然。自然游戏也有很多，最简单的，比如，和孩子各选一个周围环境里的东西，互相不告诉对方，然后用肢体语言表演出来，屡试不爽的游戏，必定以欢笑结束。如此，这个哪怕最普通的公园一角，对你们都有了不一样的意义。

小小的仪式感

邀请全家一起参加，尤其在传统节日的时候，挖掘一两样老人也能参与的活动，最基本的比如包饺子、包汤圆、做月饼，给孩子讲讲你小时候和爷爷奶奶小时候过节的习俗，尝试着用传统的方式过一过。找一找手工小指南，无论剪纸还是灯笼都可以做个家常的，再给孩子准备好材料画一画。这个体验也为你获得全家对家庭美育的支持提供良好的开端。

只看愉快的艺术书

在"LOOK！"这套书里，提供了很多不一样的看艺术的方法，比说明书式的画册更适合跟孩子一起看。比如说，在谈到日本的浮世绘艺术时，这种对孩子来说很怪异的大白脸造型该如何解释？书中会建议你模仿浮世绘，面部没有表情，只有眼睛来表达情绪，看你是否能做到。孩子们只要动用了丰富的感官来学习，那么就肯定很来劲儿！而没有艺术基础的妈妈，也不必尴尬地看着说明读给孩子听。类似的书越来越多，可以到书店翻看实物再决定购买，或者参与到图书馆让书流动起来。

买一件艺术品

家庭环境是一个人审美水准的晴雨表，尤其是客厅。在很多的家庭当中，我能看到昂贵的进口电器，也有价格不菲的成套仿古家具，但独独见不到一幅画，最多的是那种批量的装饰画。其实在这堂家庭美育必修课里，我们已经发现了，孩子的画就是最好的艺术品。当然除了自家的艺术品，也可以适当选择一些作品放在家中，除了某宝的批量复制画，比如，在一个叫作 Artandd 的 APP 里面也有很多年轻艺术家直接销售的作品，价格并不高于复制画，但是品质却不可同日而语。艺术的原创性才是最大的价值所在啊！细心发现，还有很多类似的途径可以获得原创的艺术品。

▼图 7-6 美育导师妈妈快乐玩艺术

自己去美术馆

已经有专门的章节讲过带孩子去美术馆,不过对于妈妈而言,我们自己获得去美术馆的愉悦是非常重要的,这里说的是如果有时间,不妨跷班去一次美术馆。对,不带娃的。在我最近组织的几次妈妈艺术下午茶活动当中,我发现在工作日单独活动的妈妈精神状态和带着娃的周末完全不同。大家更放松,更有好奇心,更享受。约上三两知己,给自己一个艺术下午茶的时间,你和艺术的关系放松了,才能把这样的感受带给孩子。艺术是个不离不弃的好朋友，你永远可以对她表达真实的看法，和她益发紧密和亲近，这才是每一次看展的目的所在。

养一棵植物

对很多人来说不容易，但从照顾一株植物可以学习到很多道理。就和育儿一样，每株植物都有自己的特性，喜光、喜阴、喜水，了解它才能给予合适的关爱，相安无事，岁月静好。另外，每天无论是擦拭叶片还是浇水，这是一个慢下来的过程，节奏舒缓了，停顿片刻，才积蓄起能量来继续前行啊。

带孩子认真做一道菜

工作太忙碌，即便厨艺超强，恐怕也没有太多时间做饭。在有了孩子之后，越来越多的生活在外包，而各种外包其实是我们将生活假手于人的第一步。我们常常提到无法忘怀妈妈的味道，对于没有时间的妈妈们可以花一点时间，和孩子一起创造属于你们自己的味道。哪怕厨艺再差也总可以做一份西红柿炒鸡蛋吧。你们可以在固定的时间一起做这道风味，逐渐地，孩子成为主厨你来帮厨。其实人生就这么多事，好好生活的基础是一道番茄炒蛋，而非练习册上的选择题。

尝试一次插花 / 拼布 / 皮具 / 手工

已经有越来越多心灵手巧的妈妈们开启各种美美的手工工坊，你在的城市一定也有。如果从未接触过，不妨尝试一次，很多事只有自己尝试过了才知道是不是真的喜欢，也才会理解为什么有些人乐此不疲地去做这样一些"很麻烦"的事。从生活的"消费者"成为"参与者"，美的创造也是如此啊。

看一场演出

在一个人开车的时候我会大声开着音乐剧《魔法坏女巫》的原声音乐，最近几年和孩子们一起看了好多场音乐剧，这是最喜欢的一部。音乐非常大气震撼，剧情在原声中恰到好处地穿插，仿佛再现设计精妙的舞美现场。如果所在城市还有一定资源的话，建议大家有机会去看一场现场演出，太多屏幕包围着的生活，话剧、音乐剧等现场演出带来的感受全然不同。剧场灯光暗下来，没有爆米花的声音，没有片前此起彼伏的广告，进入一个纯粹的世界，每一次表演都是唯一。

记录美的邂逅

或许十几岁的时候都有写日记的习惯，然后就忙碌起来，心绪飞扬也并没有时间记录，因为对成绩、对业绩好像都没什么用。这本书初版附赠的一个小小本子,里面印制了我的几幅小插画,都是生活中的寻常事物:吐司炉、小茶壶、日用品高低的瓶子、正在敲字儿的这部电脑……万物皆可入画,万物也更有美的印迹可循。每个事物因为和你朝夕相处的时光而拥有了故事,用这个小本子试着写下/画下你对世界的感情,当然也不妨用它来做《家庭美育手册》,全家一起记录生活。

所谓的美育氛围离不开每一次一呼一吸的节奏,做一点让我们自己身心愉悦的事,是小小的奢侈,也是影响他人的第一步。因为践行美育,你的周遭必然会美好起来。

4. 做一场家庭美育读书会

《生命合伙人——美育从妈妈开始》在线读书会实录在家庭美育必修课开课之前,我和助教以及群内的妈妈们一起做了在线读书会,开始的目的仅仅是希望可以活跃一下开课前的气氛,让没读过或没读完的妈妈对整个课程的调性及价值主张有更深入的了解,为后面的学习做好准备。

但整个读书会和成果大大出乎我们的意料,或者说对我个人而言,这虽然似乎只是课程的"前菜",却已然成为整个课程单元中我最享受的一部分。

在每个人的分享中,我听到、我看到不同的生命和育儿体验，如何丰富着家庭美育的内涵，从来就没有唯一的方法，我们知觉着，在我们与孩子共度的时光里，真心实意地和他一起感受、一起体验，每个瞬间都是美的。

这份意外收获的读书会经验，我想把它整理分享出来，让大家可以真切地看到，一本书和一件艺术品一样，来自你的解读让它的意义更为博大。如果可以，大家也可以与身边的朋友一起读，有机会共同实践。

《生命合伙人——美育从妈妈开始》读书会方案

适合人群：任何对美育感兴趣的群体

形式：提前预读+现场领读+讨论分享

周期：共八次

流程：

——参与者提前预读指定章节

——导读人引导相应章节

——围绕题目讨论、分享

——抛出下一章节思考题目

章节	思考题目
第一章：你最尊贵，妈妈舒服是教育第一要务	1. 在教育的场景里，你最舒服的状态是怎样的？ 2. 这一章内容很多，哪一句话最触动你？ 3. 读完这些内容，你想做一件什么以前没有做过的事？或者改变一个习惯/表达方式？

章节	思考题目
第二章：美的教育，从享受生活开始	1. 在"创感时代"我们应该如何教育孩子？ 2. 你觉得什么才是有意义的生活？ 3. 你有什么"秘方"能让孩子在日常生活中习得批判性思维？
第三章：妈妈你要守护孩子的创造力	1. 我的孩子做过的有创造力的事情有哪些？举出三件。 2. 如何在中国这种缺乏创造力土壤的环境中，寻找机会锻炼孩子的创造力？ 3. 从明天开始，你会做些什么，保护和发展孩子的创造力？
第四章：家庭美育能做的比想象更多	1. 您带孩子参加过艺术培训班吗？你喜欢吗？孩子喜欢吗？什么是适合孩子的艺术教育？ 2. 为什么要画画？学习艺术的真正目的是什么？过早学艺术会不会扼杀孩子原本的创造力和想象力？ 3. 回忆最近你和孩子一起经历的一段生活中的"something beautiful"。
第五章：尊重孩子艺术能力发展的时间表	1. 请大家回忆一下自己的过往，有哪些时刻是你兴趣路上的灵光一闪，它是怎么引领你的？我们如何从自身的经历出发理解我们的孩子，给他们成长的养分？ 2. 分享记录一个你认为和孩子在绘画或其他活动中最触动你的互动时刻。 3. 如果给你一个孩子艺术发展的时间表，你最关心什么？最想给孩子什么？你有哪些在关键处出手帮助孩子的经历？

章节	思考题目
第六章：和孩子一起发现生活之美	1. 你是否发现孩子有在生活中对一朵小花、对一朵云或其他美好的事物有天然的欣赏？这个时刻你有打断他吗？ 2. 你们可曾用身边的材料去做一些创作？有什么对话发生？ 3. 未来你想对生活做点什么不一样的安排，更好地陪伴孩子发现生活中的美好？
第七章：创造家庭共有的情感记忆	1. 回忆一下你的家庭中进行最多的家庭活动是什么？郊游？吃大餐？运动？ 2. 通常你们用什么方式表达情感？聊天？一起看照片？画下来？ 3. 准备一本家庭美育手册/记忆册，放在公开的地方，每个人试着用边写边画的方式对话，讨论可行性。
第八章：让孩子带我们回归本真	1. 你是否曾经被和"别人家的孩子"比较？你是否有过不自觉地把自己的孩子也和别人家的比较？ 2. 问问孩子，希望你成为什么样的妈妈？请他给你打分/给星星，问问他为什么？ 3. 育儿就是共同成长，你有哪些生活中被孩子"棒喝"的时刻？记录和分享一下吧。

注意事项：

参与者须保证参与百分之八十以上的阅读活动

领读人需提前抛出问题，带着问题去读书

讨论倡导平等交流，求同存异，真诚分享

第一次在线读书会分享
章节领读人分享摘要

这里是在第一次《生命合伙人——美育从妈妈开始》在线读书会的实录摘要,给大家参考和感觉一下,领读人的角色以及分享的方式。

感谢几位领读人,拉布拉多、肖洁、刘书伊、微米、阿褚、冯澍,作为作者在你们的解读中我重新审视自己一路走来的想法如何迭代,家庭美育的理念因为你们的分享而更加丰厚。

感谢你们带来真诚分享的启发。

第一章 | 你最尊贵,妈妈舒服是教育第一要务

领读人 戴亚楠

你很好,你是一个好妈妈。

在正式地进入美和艺术的教育在家庭当中到底要做些什么这个比较学术的层面之前,我特别想要告诉大家,你

很好，你是一个好妈妈。不管那些理论怎么讲，不管外面有些什么样的标准，我觉得你就是一个好妈妈。

这个标准不是别人给的，而是你自己给的。不是因为你看到了有些什么理论、听了些什么课程，甚至拿到了什么证书，你必须要怎样你才是一个好妈妈。

我们这个时代的每个妈妈真的都已经足够努力了，虽然在育儿的路上就像在试错，似乎永远有更"好"的可以给我们的孩子、永远还不够完美。但是最基本的信念是我们要相信自己是一个好妈妈。

不要被那个愧疚感所笼罩，被人为制造的焦虑感所影响。这世上本来就没有一个完美的东西，成长说到底是孩子自己的事情，我们能做的就是跟他在一起的时候我们努力过了。

在我们尝试着去做一个好妈妈的过程中无论发生了什么，和他一起真实地生活着，我们就已经是很好的妈妈。

第二章 | 美的教育，从享受生活开始

领读人　拉布拉多

人生应该会很好玩，应该要去很重视享受人生的这个态度。

在我的教育过程当中，从来没有人会说，你应该享受生活，你应该去热爱生活。在我们的教育当中，大部分说法都是你要好好学习，取得一个很好的成绩，获得一些荣誉，然后你才能在社会上站稳脚跟，其实这都是一些让人很累的激励。

我觉得在整个漫长的人生中，相较于学习，我们更重要的是应该学会放松，学会去享受你人生的各种生活。

作为爸爸妈妈也绝不应该放弃的一点，就是学会享受自己的生活。

第三章｜妈妈你要守护孩子的创造力

领读人　肖洁

我曾经跟一位做教育的朋友聊过，他做过专门的研究，提出了一个词儿叫作逻辑思维线。要看一个人的能力强不强，就看他的这个逻辑思维线长不长。什么叫逻辑思维线呢？比如说这个小孩儿他提出了一个问题，说妈妈为什么天是蓝色的？那如果这个时候你回答说它就是蓝色的，那孩子就不会再问了，一个来回这个问题就结束了。

如果我们出于保护他的好奇心的话，我可以问他说那你觉得为什么天是蓝色的？你能给我一个回答吗？而不是说咱们去告诉他说这个是因为空气里面有七种颜色，哪种颜色的反射波最长等这些个科学理论,这不是孩子所需要的。

如果这个孩子他喜欢钻研,那我们可以引导他,你可以自己去查资料,或者你可以用你的想象力去想象为什么是蓝色的,小一点的孩子好像三四五六岁的孩子、上学前的孩子,他可能会用很有想象力的语言回答,比如说因为天空是大海变成的之类的,上了小学的孩子他就会自己去Google、去书上找答案,如果他把这个当成一个研究课题,天为什么是蓝的,然后他再找出来各种科学原理什么的,这就叫作一个很长的逻辑思维线。

第四章 | 家庭美育能做的比想象更多

领读人　刘书伊

我很幸运顺利地考入了国内最好的音乐学院之一,从我的大学是一个分水岭,在大学里面我开始接触到各种各样的、形形色色的有关音乐的东西,开始理解那些起初在我看来完全不堪入耳、跑调的毛利人的民歌,这是因为那种特殊的气候、语言、宗教民俗、种族融合等这些东西完美在一起的结晶才产生了这样的音乐。

大二那年我在田野工作时听到藏区独龙族老人用他的歌声来祭奠他早逝的孩子,听到土家族的姑娘喜中带着泪地去细数出嫁前的百感交集,听到黑庄全村的人在求雨时祈求神明的那种哼鸣,那个时候我才发现音乐不仅仅是music,它承载着生老病死,蕴含着文明、信仰,和其他所有的艺术形式一样,是离人类灵魂最近的地方。

听起来好像这段故事和《生命合伙人》这本书没有太多关系,但是我想说的是,我就是经历了从一个普通的琴童到探索到艺术魅力的过程。虽然我已经没有再从事音乐相关的工作,但我仍然会因为听到了某种声音和旋律而汗毛直立、泪流满面。

不同于中学时枯燥学琴时候的我,是因为我后来才体会到了艺术的力量,才学会了用更多元、更宽广的角度去思考、去体谅、去自省,就像亚楠在书中提到的,我觉得在经历了一个过程以后,我才慢慢地找到了自己和艺术之间的联结。

现在孩子快五岁了,很多人问我,你觉得几岁开始学琴对孩子比较好呢?其实每次遇到这样的问题,我通常会反问他,你是指生理还是心理,如果按照关节构造以及手指力度的发育来说,一般五岁以后的确孩子是可以开始具备弹琴的能力,但是你得想一下,你和孩子的心里真的准备好了吗?

前几天,在一个朋友的车上听到一段音乐,她对我说:

"妈妈,我觉得这有点像非洲音乐的感觉,听起来很想让人打鼓!"这种对音乐的感受往往比技巧更重要,如果说有一天她想开始尝试弹琴了,我会告诉她接下来会你有可能会遇到什么样的挑战,同理你也可能会获得什么样的惊喜。如果你准备好了,那么妈妈愿意随时陪你开始。

第五章 | 尊重孩子艺术能力发展的时间表

领读人　微米

从我对我家宝宝在这个年龄段的线条的涂鸦作品的收集和整理上来看,我特别真实地感觉到艺术的发展真的是有时间表可循的,遵循时间表也会让我们的目的更明确,举重若轻。当然每个家庭每个孩子的状态不同,我们也要根据孩子的状态适时调整。

两岁十个月的时候,宝宝开始画一些闭合的圆圈。那天我们一起画画,他爸爸就在对面看着他,然后就跟他一起画画,突然他就说我要画一个爸爸,就画了很大的一个圆圈,那他就说,噢,这是胖胖的爸爸,又在旁边画了一个小小的圆圈,然后说这就是旭旭,瘦瘦的旭旭,当时我们都很惊讶。这个时间段他都已经可以开始画一些闭合的圆圈了,而且开始对人物的"形"有了一定的了解。

三岁左右的孩子，不是涂鸦之后对自己的绘画进行解释说明，而是一边画一边考虑每一条线条的意义，此时也迎来了创作有表征意义的涂鸦作品阶段，三岁两个月有一幅画是宝宝画的妈妈，他画了一个大的圆圈，说是妈妈的脸，然后中间有三个小圆圈，说是眼睛和鼻子，然后上面有三条线说是头发，那这个时候就只是头部的描写。

相较于艺术家，我认为艺术本身的内涵更重要，我们对于世界、人文、美包括对自己内心的表达，我愿意我的孩子接受这些熏陶，不管他是否是艺术家，我都坚持做这样一些事情。

第六章 | 和孩子一起发现生活之美

领读人　阿褚

去年我们一家人和一个昆虫学家出去玩，我家孩子就问老师："老师，哪些虫是害虫呀？"这个老师就非常严肃地说："你说的这个害虫都是从人的角度出发去判断的，因为万物是唇齿相依的，我们有些所谓的害虫，它只是对人类的生活有害，但它其实对整体的自然的生态平衡有着不可或缺的作用。"

我当时觉得这个观点和视角是很重要的，我们应该引领孩子有一个更加宏大的视角去看待自然与社会,而不是习惯了以非常狭隘的人类的判断出发,只从是否对人类有利这一个视角去看世界,要知道我们人在这自然当中真的就是很渺小的一种动物。

亚楠老师在书里面专门拿了一段来探讨说:"遵循自然伦理是美的底线。"这是一个特别现实的问题,很多家长喜欢带孩子去自然里玩,就是去消费大自然,反正就是去拿可以为我们所用的东西,看着美景吃着好吃的,然后丢了一地垃圾就走了。所以当我们跟孩子谈到自然的时候,真的应该教会孩子和自然相互尊重的态度。

快速的城市化的发展带来的是双向的东西,一方面我们要承认城市中的确有美的存在,包括现代艺术,美的东西还有一些还原自然的东西,这些都是特别好的。但是也必须得承认,城市中让我们不满意的都市审美,占了绝大部分,包括建筑、广告,还有媒体上所充斥的那些,以我们批判的眼光看来都是恶俗的审美,而这些都无时无刻地充斥在我们生活的周围,影响着我们的孩子,我们又该如何面对呢?

孩子必须学会去阅读和解释这个环境,这是他们这一代必须要具备的能力,父母能做的最无效的教育,就是去否认这一切，试图把孩子放在真空里，单纯的抵抗，没有作用也没有意义。

在这样的环境下，我们应该怎么做呢？一方面我们还是要保持乐观，人都有适应性；另一方面，我们要必须承载上引领孩子审美的职责，我们可以和孩子一起去解构现在商业世界及当代的社会文化符号，而不是让他被动地受困于这样的环境。

第七章｜创造家庭共有的情感记忆

领读人　冯澍

我其实是很希望和大家先分享一下，我童年学习美术的一个经历。我是在贵州长大的，从小因为爸爸是在学校工作，所以我是在学校大院儿里长大，也就有了很多得天独厚的所谓的教育资源。我记得我的童年都是能够上课外班的，我学过舞蹈、乒乓球，还有很多其他的课外班。

从一年级到五年级，非常系统的，我和我们学校里最好的一个美术老师学过绘画，就是学习素描、写生之类的。在我的童年记忆里面很深刻的一幕，就是在学校的画室里对着一堆的三角立体、正方体的这种石膏画像，还有水果带去做素描写生。

我记得在四五年的时间里,我画了很高一摞的所谓的画作,后来因为各种原因遗失掉了。那是我童年里面非常清晰的一段记忆,到最后也没有能真正地去开始画石膏的人像。

但我想说的是,尽管我有那么一段相对来说比较"雄厚"的课外班的背景,但是等我长大以后发现其实在美术这件事情上,我并没有真正地开窍,或者说我其实并没有真正地打开对于美术这件事情的兴趣之门。

以致现在我自己觉得我的教育里最缺失的一部分内容,是我的创造力,可能我是1970年年末生人,也许是我们那一代人在教育里都很缺失的一个素质和核心素养,现在我对于教育,对于做一土教育这些事情之所以有那么大的热情,也是因为我觉得我在我的孩子身上不要去重复我曾经的缺憾的那一部分内容,培养孩子内生动力,去激发学习热情和创造力,在我看来是教育最最核心的东西。

第八章 | 让孩子带我们回归本真

领读人 肖洁

最好的教育不是把孩子培养成"人家的孩子",不是把孩子培养成第一,而是发现孩子的唯一,确认他的价值。

为什么我会喜欢这句话,我觉得我是找到了孩子的唯一,就是他对火车、对星球大战的热爱,他从两岁开始就非常喜欢火车,一直持续到了现在。他会做一切关于火车的事情,从两三岁起就让我天天抱着他去轨道旁边看火车,然后到五六岁时他能去看一些书了,这个时候我发现国内的科普书籍非常少,我上亚马逊买很多法国的、英国的有关火车的书回来,都很厚。虽然他一个字儿也不认识,但是他把那几寸厚的书全都翻了个遍,以至于最后达到什么程度,同一张火车照片,在不同的书里出现,他马上就能反应出来。他有自己的热情所在,我对他以后的人生真的都不用担心了。

我们家长总在有意识无意识间做比较,不应该比较,包括跟自己比较,顺便说一下,我们对自己的爱也应该是无条件的,全然接受孩子的前提是全然接受我们自己,如此才能把这样的状态全然传递给孩子。这句话说得太真实了,我们如果连自己都不爱,又怎能爱别人呢。

最有价值的事情都是无价的,其实现在我们也经常陷入这样的焦虑,比如说我挺想让我的儿子学编程,但是因为各种限制没有学成,我又想让他学棒球,还有各种,好像一样没学就会少很多,然后我就很焦虑,但亚楠的书中说无价的事情我们是否做到了呢?而那些我们花了钱的事情是否又都是有价值的呢?真的需要我们停下来反思。

课程结语

可以有机会通过七个主题分享课和各位父母一起精进家庭美育，我觉得特别幸运。也希望各位读者可以在家里真的把我们所分享的、所实践的这些内容跟孩子一起玩起来。

尽管有点依依不舍，但还是要总结、回顾一下。

第一次家庭美育必修课分享的主题是，我们怎么样通过艺术来了解自己、了解孩子，从而我们重新认识了自己的身份，孩子是艺术家，我们也是艺术家。

第二次分享的主题是，我带着大家一起把你们家里的空间进行了一个大腾挪，为我们的大小艺术家去打造一个鼓励创作的家庭环境，此中要有自己工作室的各种功能。

第三次分享的主题是，我们一起到家里的角落发现很多不同的材料。比如厨房、卫生间还有大自然中有很多材料，很多创作的素材都可以为我们所用。

第四次分享的主题是，我带着大家一起打破"不会画"

"画不好"这些压在我们身上几十年的魔咒,重新发掘每一个父母的艺术潜能。相信大家如果做更多的练习,把画画和艺术创作变成你的日常生活,慢慢你的自信就找回来了。

第五次分享的主题,就是我们刚刚讲到的那个更多的家庭艺术游戏玩不停。我们从玩、游戏、艺术游戏、艺术实验和实验艺术几个概念一步步地探索。理直气壮像真正的艺术家一样地玩起来。

第六次分享的主题是,我带着大家一起讨论了我们该怎样实现带孩子去美术馆,就像去超市一样简单地说走就走的方法,有各种小小的技巧的分享,我不知道你是不是还记得,一些跨学科、多感官、探究式,当然这都不只是一个词而已,你要在你的生活中把它慢慢地实践出来。

即使孩子好像无厘头地玩一些材料,如果我们从艺术领域的角度去看,真正地把他当成艺术家的话,他就是在做一个很权威、很先锋的实验艺术,所以我们要给予我们的艺术家坚定的支持。

还记得我们这个家庭美育必修课的目标是什么吗?通过美和艺术的教育去构建有深度的亲子关系。

什么是有深度的亲子关系?不是我们买来一个很豪华的教具以及包装精美的课程给孩子,然后对孩子说,你去吧,你可以学会了,我钱花到了,我可以休息了。

你的光环再耀眼、资金再充裕,还是不得不承认有些东西是钱买不到的。比如和孩子共度的那些时光里发生的喜悦、会心一笑以及同伙"恶作剧"般地胡闹之后的心领神会。

每一次的玩乐和探索,都是一次可以更加深入地了解孩子的机会,知道孩子在成长和现实生活中经历了什么?他怎样解读身边的世界,如何投射在创作当中。

在跟孩子一起动手创作的时候,我们成了一个团队,成了合作伙伴,一起完成或完不成作品,一起探索这个世界的意义,这里收获的都是有深度的亲子关系。

孩子们的真实和诗情画意并存,他们是哲学家和艺术家,他们带着生命最本质的思考。

"在一个雾霾天,下着有颜色的雪和雨,落在黄色的草地和花上。"这是孩子随口吟出的诗,创作的意外之喜。

当我们用心和孩子在一起,所谓的艺术、创作,所有这些不过是我们一百种度过美好时光的方法之一,每个人的陪伴方式必有各自的精彩。

对于陪伴的"产出",可能是一句诗、一串笑声和一片记忆,用心经营过的时间,不会白过。

观察孩子的观察方式,让我们的目光和心灵都如同孩子一样敏锐和美好。

感受孩子的感受方式,用直觉和感官看到更多,感受更丰富的世界。

而所谓的引领,不过是我们能为孩子多做的那不值得提及的一点点,在美育的过程中,我们更是一个引领的人。

美和艺术的教育能够滋养我们的孩子,更能让我们的心灵获得丰盈,成为更有趣的灵魂,这也是未来他愿意继续回到我们身边去获取能量的密码所在。

每节课讲完之后,都会收到很多父母跟小朋友一起的创作,设计一张名片父母和孩子彼此重新介绍自己;或是自己动手改造一个创作空间、布置一次了不起的展览……

不同年龄的孩子有不同的表达,也有妈妈们在这个过程中详细地记录下宝宝们从不喜欢到投入创作的过程,有感动、有反思、更有成长。

在家庭美育必修课里的作业实践过程中,最终的呈现不是唯一重要"产出",过程中发生的对话、互动和了解才是联结我们和宝贝的无形纽带,最宝贵。

妈妈和宝宝们的"作业"都如此生动鲜活,难以取舍,在插页的部分选取了很多作业截图,这个部分更多是妈妈们和孩子们的交流以及在美育这件事情中的心路记录,每每读来都感动于大家的用心和满溢的爱。

篇幅有限,斟酌再三有了今天的呈现,享受看到的每个字。

这个课程最初的想法来自在一土家长学校开启的第一期家庭美育必修课实验课,感谢一百天共创项目的父母,我们共度了难忘的一百天,开始行动,让一切成为可能。

一诺 冯澍 党党 Angela elia_song 赵照 娅妮 邓梅芬 麦子 合家欢 月月妈妈 小静 may 文容 Jo 洁/广州/G25 镜优 陶然妈妈 song 小白 浙江-洋洋妈妈 知行合一口若水君口 恩恩 带一本书去巴黎 buffy Lexie 可乐 如此自可乐 Juan 想做个专业的妈 一鸣 江南/上海/G2 柳Cindy 王婷/北京/B3 佳小豫 今怡 飞鱼元气满满 啦啦 卡卡 李洁信 靳晓谕 糖三角 Shirly/北京/B3G0.3 贺珊 大米阳光/北京/B2 二向箔 冉小花/北京/B2 阿褚 Linda 金玲/北京/张玄明六岁 viola 平叶Haidiliu 昉 Lillian 段卫华 红 赵晓静 慧敏 Helen 坚定的暖暖 砂糖 一笑凡 wendy 艺璇/大阪/B2

艳阳天九芳　朴拙　clee　红泥小火炉/上海/G5B2　习香园　梁卓　SusanLiu　微米　两熊娃妈　行者一粒微光　江小娇　吴聪颖（emma）　Lynn　尹俊杰　王湧珊　蓬蓬8421　酷酷的鱼　小雨/济南/G3G8months　小月妈　语宸/北京/G209　天天向上　快乐小乞丐　唐海英张喜儿　李雪

（排名无先后，根据磁场群内人员列表顺序）

再次谢谢大家！虽然家庭美育必修课到这里就结束了，但我相信我跟大家一样，家庭美育的实践之路才刚刚开始，未来彼此都在。

后记：写给十年后的自己

就如同十年前从未预料到自己会开始画画和写作，会四处奔走喋喋不休"美和艺术是每个人每个孩子的权利"。

十年后的自己，今日同样无法预料，唯一确定的是孩子们已经长大，而我还会继续写字和画画。

还会记得在"家庭美育必修课"上遇见的父母和孩子，而孩子们早已不记得，为什么妈妈把他所有的创作都整理起来，为什么从某一天开始他们常常去那个叫作美术馆的地方，以及其他奇奇怪怪从前没做过的事情。想到自己在某个人的成长中悄悄留下一点痕迹，我笑了。

前几天和一位做艺术教育多年的妈妈聊天（十年前的一次聊天，立字为据），她说迄今为止，艺术教育最大的困难不在教研教学，甚至不在教师培训和招生，最大的困难在于如何和父母沟通。

我已经不止一次听到艺术教育者同样的哭诉，好的艺术项目难以获得认同，功利性扼杀创造力的"创意美术"

大行其道。简单、粗暴,既然不懂,难以辨别,那就以"成果"来评价艺术教育……

而家庭中,父母认为自己不会"教"而不敢或不会和孩子一起创作,艺术永远是第一个在学习压力下被裁掉的项目,因为父母从未体验过,艺术带来的巨大幸福感……

或者,因为政策鼓励"美育",考试可以加分,导致把不喜欢的孩子送进培训班,为证书而学艺术,收获更多学完艺术之后对之无比痛恨的孩子……

那一次聊天末了,她说:"你在凭一己之力改变中国父母的美育观。"听完,眼泪盈眶。把她这句话记在这里,再过十年可会有改变?这一己之力又是否可以坚持十年?

十年后的你还好吗?无论怎样的境遇,都想给你一个拥抱。

在每一次的讲座中,我都跟大家说希望家庭美育的话题很快可以成为过去时,希望父母都不必因为焦虑、因为升学政策去让孩子接触(或不接触)艺术,希望孩子们可以自如地表达他们的心意和创造,可以自由地获得需要的材料,可以不被评级、不被考级所绑架……

艺术不仅是那些有天分的孩子的权利,更是每一个人的权利,每一个普通的孩子、每一个普通的成年人都有资格有权利，去亲近、欣赏、表达、创造艺术。

即便在我们成长中没有艺术课、没有画笔，美和艺术从未远离。它在绚烂的朝阳中升腾、在午后的细雨里飘落、伴着炊烟袅袅晚餐的香气飘散；塑造着我们对美的感知，丰富着我们美感的收藏。

陈丹青问木心："如何成为艺术家？"木心说："连生活都要成为艺术。"

而我们能给孩子的除了生活还有什么？哪一个人不是生活的艺术家呢？

一心一意过真实的生活，有艺术、有自然、有美的存在，就已经是最好的美育。

我期待，不需要读这本书的年代早日到来。

做孩子的生命合伙人，无论生活如何变幻，唯有美的心境谁也夺不去。

祝福自己，祝福大家的下一个十年。

（京）新登字 083 号

图书在版编目（CIP）数据

生命合伙人 . Ⅱ，家庭美育必修课 / 戴亚楠著 . —北京：中国青年出版社，2019.3
ISBN 978-7-5153-5509-2

Ⅰ . ①生… Ⅱ . ①戴… Ⅲ . ①家庭教育 Ⅳ . ①G78

中国版本图书馆 CIP 数据核字（2019）第 027992 号

中国青年出版社出版　发行

社址：北京东四 12 条 21 号　邮政编码：100708
网址：http://www.cyp.com.cn
责任编辑：刘霜 Liushuangcyp@163.com
编辑部电话：（010）57350508
电话：（010）57350370
三河市君旺印务有限公司印刷　新华书店经销
880×1230　1/32　9.5 印张　16 插页　300 千字
2019 年 4 月北京第 1 版　2019 年 4 月第 1 次印刷
定价：55.00 元

本图书如有任何印装质量问题，请与出版部联系调换
联系电话：（010）57350337

用家庭美育手账的方式留下和孩子一起的艺术成长记忆再合适不过了。试着从今天开始吧?里面提供了六个和孩子一起的艺术小游戏,如果还不知道怎么做就从这些小游戏开始吧。好想听到你们咯咯的笑声!

——戴亚楠

这本手账属于

(　　　　)

(　　　　)

(　　　　)

(　　　　)

的家庭（不会写字可以画个符号代替）

游戏 ① 手账地图

这本手账即将记录最为珍贵的家庭信息,一定不要弄丢啦。把地图画在前面,万一走丢了,捡到的人可以送它回家。

- 带孩子散步的时候实地"勘查"家周围的地形。
- 一起讨论附近有什么事物,如树、房子、保安厅、大门等等。
- 请孩子执笔在本子上画下地图,并另用纸张画下树、房子的符号。
- 剪下符号请孩子按照地图位置贴在相应位置上。
- 重点标注手账所在位置,及家庭中几位守护者。
- 准备:水彩笔、勾线笔、铅笔、剪刀、胶水。

游戏 ❷ 爱你的面孔

通过触摸让父母和孩子彼此更有爱意,深深记住彼此的样子。

- ✸ 用眼罩或丝巾遮住眼睛,用手抚摸孩子的脸,然后用笔画下来触摸的记忆。
- ✸ 轮换孩子遮住眼睛,抚摸父母的面孔,画下来。
- ✸ 如果有水彩可以涂一点单色,没有就这样也很好。
- ✸ 水彩笔、签字笔、钢笔、蜡笔,有什么用什么。
- ✸ 可以在手账相对的两页,互相对照。
- ✸ 小窍门:忍住笑。

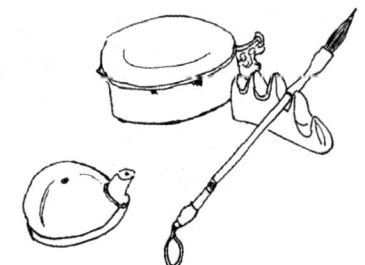

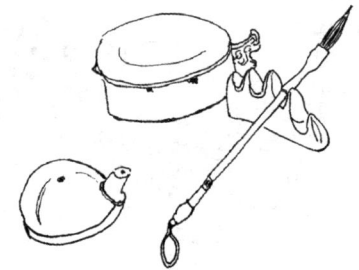

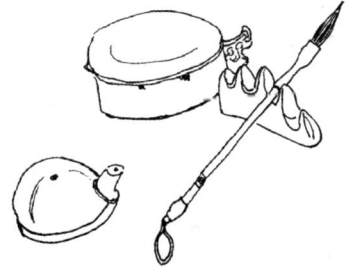

游戏 3 音乐的舞蹈

感受力是相通的,把听到的音乐画出来,有意识地体验不同感官和表达之间的相互转化。

- 准备两首纯音乐,选择过程中听取孩子的意见。
- 播放音乐,用身体去感受,随着音乐自由舞蹈,为音乐选择一种或几种颜色
- 然后安静下来,闭上眼睛从头再听,同时让手在纸上自由舞动。
- 可以准备一张大纸来画,选择画面最好看的一部分剪下来贴在手账上。
- Tips:跳的过瘾就可以一直跳,不好动的孩子就可以直接纸上舞动。

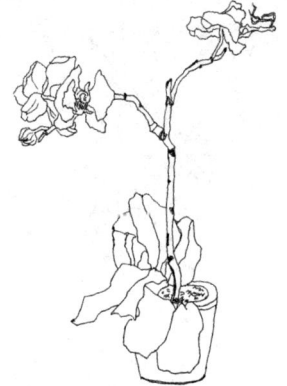

游戏 ④ 家 的 味 道

家人间的连结往往通过共同的味道的记忆,而每个家庭的饮食都有各自的习惯特点,画下来,记住它。

- 和孩子讨论一次虚拟的家庭大餐的菜单。
- 每位家庭成员交流自己最爱吃的是什么菜。
- 合作或是以孩子为主,设计一个大餐开餐前的桌面。
- 每个人喜欢的菜都要出现,孩子画菜,父母文字说明。
- 如有可能按照这次设计实施一次家庭大餐,从准备食材开始和孩子一起准备。
- Tips:每个人都可以开诚布公地分享自己的喜好,哪怕味道有点怪。

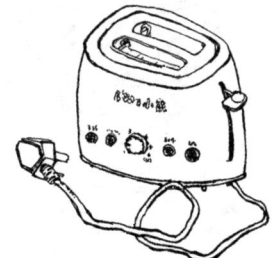

游戏 ⑤ 我们的印记

孩子和父母身上有来自共同的血缘传承,在嘴角、小拇指很多角落里藏着我们的秘密。

✱ 身体的印记,比如唇印、手印、耳朵印、鼻子印……

✱ 父母的身体印记和孩子的印记放在一起对比,比如三个唇印、鼻子印,一组排列,甚至组成图案都可以的。

✱ 妈妈的旧口红即可,不再用偷偷地抹啦。

✱ Tips:别笑场,别失控。

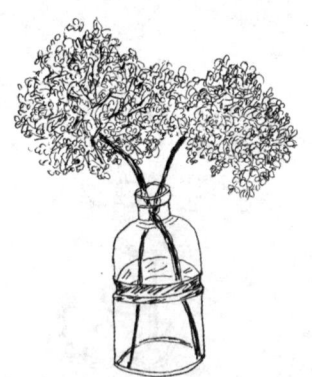

游戏 ❻ 神奇动物在家里

你的家里藏着好多神奇动物,等着你去发现、去赋予它生命!

✱ 随意找家里的物品,把外形轮廓画下来,不必特别精准。

✱ 和孩子一起讨论这个物品像什么动物,或者你想象的动物。

✱ 从眼睛、头、尾巴……开始,一点点完成。

✱ 在房子里找很多形状,画很多动物,组成你们的神奇动物农场。

✱ Tips:起名字啦,加装饰啦,都是必须哒。

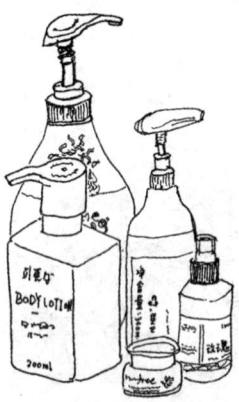